日本思想史への道案内

苅部直

Karube Tadashi

NTT出版

凡例

一　史料の引用にあたっては、漢字を原則として常用漢字体に改め、かなづかいは底本のままとした。傍点・ルビについては、一部、省略もしくは追加した場合がある。［　］内は引用者による補足である。

一　人名については本名や号など複数の名前のうち、もっとも通用しているものを中心に選び、なるべく正字体で記した。人物の年齢の記載は数え年による。

一　年号・元号に並記した西暦年は、改元や暦法に伴うずれを考慮した記載ではなく、より長く重なる年を挙げただけである。太陽暦を採用した明治五年十二月三日にあたる日（一八七三・明治六年一月一日）より前については、陰暦の年月日を採用し、年号・元号を中心に記す。

まえがき

「日本思想史への道案内」という題名は、一九七〇年代に書かれた有名な政治学教科書にならったものである。あの本かと思いあたる読者の方もおられるだろうが、内容の上での関連は特にない。ただ、「入門」でも「概説」でも「通史」でもない、道案内という呼びかたがふさわしいと思った。

この本の序章に詳しく書いているが、日本の思想、とりわけ前近代の伝統思想に関しては、一般の読書人の関心も高いと思われるのに、その古典をじっくりと読める機会が少ない。そもそも古典文学のテクストとは異なって、日本思想史の場合は読みやすい校注本や現代語訳で入手できる文献の数が限られている。また、それをどのように「読む」のかについて、大学や生涯学習機関で学べる機会も乏しい。

そんななかでも、日本の思想について知りたいという人のために、この本を書いた。ただし、多くの思想についてその要点を書き並べた「概説」や「通史」でも、思想史学という学問を身につけるための「入門」でもない。思想史の上で重要な話題を選んで時代順に並べ、それぞれに関して、いくつかの読み方を提示している。

たとえば「日本神話」について、あるいは「武士道」について、こんな風にも読めるし、また別の読みかたもできる。複数の「読み」を提示する形で、日本思想史の魅力を伝えてみたい。そうしたさまざまな方向を指し示すための「道案内」となることを、この本はめざしている。単一の解釈を書き連ねるよりも内容の幅が広がって、より柔軟に読者の関心に応えられるかもしれないし、思想の理解そのものも重層的になるだろう。

そして、この本が日本の思想の「読み」の名手として呼び出すのは、哲学者、和辻哲郎と、政治学者、丸山眞男。どちらも二十世紀に活躍した思想家としても高名な二人である。さらに、二人による思想解釈を比較し、再検討することは、一九三〇年代に確立した日本思想史という学問の成り立ちを、現代の視点からとらえなおすことにもつながるだろう。日本の過去の思想について知ると同時に、それを解釈してきた学問の系譜についても考察をめぐらす。二つの作業を重ねることで、日本思想史のおもしろさを、いっそう深く味わえるのではないか。

NTT出版からは、黒澤弘光・竹内薫『心にグッとくる日本の古典』全二冊という名著が出ている。古典文学とは異なって思想史の場合、読んだものがそこまで深く「心にグッとくる」ことはないかもしれない。またテクスト読解の巧みさに関しては、同書と並べられる水準には、とうてい達しえない。だが、和辻・丸山という二人の巨人の肩に乗りながら歴史を見わたすことで、日本の思想の魅力と、それが現代の人間に対してもつ意味を、少しでも豊かに伝えられるのではないか。そう思ってこの本を執筆した。以前に発表した著書や論文と重なる話題もあるが、そのような箇所についても新しい目で見なおしながら書いたつもりでいる。

この本の原型になったのは、朝日カルチャーセンター新宿教室で、二〇一四（平成二十六）年の一年間、月一回で行なった「日本思想史への招待」という講義である。企画のアイディアを下さり、親切なサポートをいただいた新宿教室講座部の横井周子さんと、熱心に受講してくださった方々に深く感謝したい。その教室でいただいた質問が、原稿をまとめるさいに大いに役だっている。

しかし、話すのと書くのとでは大違い。もちろん講義のときも準備して臨んでいるのだが、いざ文章にまとめ直そうとすると、不整合や欠落がたくさん見えてくる。史料を新たに読み直し、また別の史料を追加するといった作業をくりかえして、構成も内容も講義とはかなり異なるものになった。結果として書くのに手間がかかり、旧著『移りゆく「教養」』でもお世話になったNTT出版の宮崎志乃さんには、ご迷惑をおかけしてしまった。日数をかけた分、少しはましな内容になっていることを願いながら、改めてお礼を申し上げたい。

二〇一七年八月

茢部　直

日本思想史への道案内―目次

日本思想史への道案内

序章　日本の思想をどう読むか

1　日本の思想は「読める」のか？

日本の思想に関心をもつ人は、いまの日本社会では少なくないようである。あくまでも、思想や哲学に関する本を読む人に限っての話であるし、西洋哲学や仏教・儒教の古典ほどの人気はないかもしれない。しかしそれでも、一般市民むけの講座で日本の思想に関する講義を行なえば、それなりの数の受講者が集まる。近年に刊行された『岩波講座　日本の思想』全八巻（岩波書店、二〇一三年～二〇一四年）はめでたく重版出来となったし、今世紀に入ってから日本思想史の事典がすでに三点、別々の版元で刊行されている。ベストセラー本のような華やかさはないものの、地道に注目を集めている分野とは言えるだろう。

本屋に行けば、日本の歴史や文化に関する本がたくさん並んでいる。「日本人」であれば過去の日本のさまざまな物事について関心をもってあたりまえ、と言ってしまうと、ナショナリズム批判の議論が盛んな現在では、少々問題かもしれない。だが「ナショナル・アイデンティティ」といったような重い概念をはずして考えれば、自分がある一定の文化のなかで育ってきたと感じて、その文化の来歴に興味を抱くのは、どの文化圏の人でも普通に起こるふるまいだろう。さらにグローバル化が進んだ現在では、日本の外に住み、異文化のなかで生活する人々もまた、メディアが伝える情報をきっかけにして日本の文化と歴史に関心をもつことが珍しくはない。

しかし、同じ過去の日本の文化のうちでも、美術や宗教に比べれば、思想（この文脈では宗教思想を除くとして）に対する関心は弱いのかもしれない。二〇一六（平成二十八）年の春、東京国立博物館で開催された伊藤若冲の特別展に大量の観客がおしよせ、行列が長い日には五時間も並ばなければ入場できない状態にまで至ったことが話題になった。また宗教についてみれば、聖徳太子や親鸞や日蓮についての本が、毎年いくつも刊行されて、熱心な信仰者のほかにも、多数の読者を得ている。それに比べて思想の場合は、読者や受講者を集めてはいるが、やはり一般にはなじみの薄いものとして扱われる傾向がある。

美術や宗教に比べて、また歴史に比べて、哲学や思想はとっつきにくい。そういう印象がつきまとうのは、ある程度はやむをえないことである。これは特に日本の思想にかぎらず、西洋や中国やイスラーム圏の思想への関心についても同じだろう。何しろ書かれた（印刷された）言葉が素材だから、美術の場合のような、視覚を楽しませる華やかさを欠いている。さらに言葉と言っても、哲学・思想の古典と呼ばれるテクストには、日常生活では使わない概念や議論の進め方が頻出する。どうしても難解さがつきまとうから、なじみのない人には敬遠されがちになる。

日本では中学・高校の教育で思想について学ぶ機会が、高校の文系選択科目の「倫理」しかない。そのため大半の人は、たとえ高校と大学を卒業していても、西洋や日本の思想について、まとまった形で知識を得ることのないまま大人になる。「わかりやすい」哲学入門や解説の本がベストセラーになることがあるのは、こうした条件も背景になっているのだろう。

職業生活や家事や育児で手一杯になっているあいまに、ふと、幸福とは何だろう、とか、いい世の中とはどういうものなのだろうかという思いにとらわれる。一般の大人が哲学や思想に関心をもちはじめるのは、そうした瞬間だろう。そうして「哲学カフェ」でほかの人と話そうと思ったり、入門書や解説書を手にとったりする。そのときには、この分野についてこれまでほとんど知らなかったという、大げさに言えば飢えのような感覚が働いているのではないだろうか。

西洋思想や日本思想、あるいは中国やインドやイスラーム圏の思想に人が興味を抱くのは、そうした回路を通じてのことと思われる。きっかけは何でもいいのだが、思想、それも日本の思想に興味を抱いたのだけれど、何から読み始めたらいいかわからない。そういう人のための案内役になることを願って、本書を書いてみた。テーマは思想史研究でよく論じられる少数の話題に絞っている。時に議論がやや専門家風の細かい点に及ぶところもあるが、それはあくまでも、先にふれた何らかの「思い」を抱いているような人に、より深く思想の意味を了解していただければという意図によるものである。

しかし、まず提示しておきたいのは、日本の思想は、はたして「読める」ものなのだろうかという問いである。そう言うと、せっかく日本の思想に関心をもった読者の意欲をそいでしまうかもしれないのだが、やはりふれておく必要はあるだろう。

つまり、西洋の思想であれば、たとえば「ニーチェを読む」という講座を一般市民むけに開講した場合、それに関心を抱いた人が受講するかどうかを決めるのは、比較的に楽なのではないかと思われる。そういう人は、たいていの場合はすでにニーチェという哲学者について、漠然としたものであれ、こういう思想のはずだという何らかのイメージを心に抱いている。また、ニーチェの著作の邦訳は各種の文庫本や全集で簡単に手に入れることができるから、すでに少しでも読んでいて、自分なりの思想家像を作りあげている人もいるだろう。

ところが、思想家が書いたテクストの入手のしやすさという点だけでも、日本の思想は西洋思想とは条件が大きく異なるのである。たとえば、徳川時代の思想史のビッグ・ネームとして本居宣長がいる。宣長は何しろ、主著『古事記伝』で現在にまで至る『古事記』の解釈史の基礎を築いた人物であり、『源氏物語』の美の本質を「もののあはれ」と概念化した仕事が有名だから、思想史だけでなく文学史の方面でも関心が高い。中学・高校の歴史や国語の授業で、誰でも名前は聞いたことがあるはずで、思想史研究の対象となる人物のうちでは、もっとも有名な一群に入るだろう。

ところが二〇一七年八月現在、新刊書店を通じて入手できる宣長の著作（現代語訳の本を除く）は、『うひ山ぶみ』（講談社学術文庫）、『玉くしげ・秘本玉くしげ』（岩波文庫、たまたま二月に復刊された）、『新潮日本古典集成　本居宣長集』（新潮社、『石上私淑言』『紫文要領』を収める）、『古今集遠鏡』（平凡社・東洋文庫）の四点のみ。宣長のテクストの刊本で、戦後に出版されたものはほかにも多数あるのだが、いまは品切になっている。かろうじて右にあげた少数のテクストばかりが入手可能な状態で、「道」をめぐる本格的な論考や『古事記』研究の著作は含まれていない。それでも宣長の場合はまだましな部類に属していると言えるだろう。同じく徳川時代の重要な思想家である、伊藤仁斎や荻生徂徠といった儒者たちのテクストは、版元に在庫のある書籍としてはほとんど常備されていないのだから。

もちろん、岩波文庫や中公クラシックス、平凡社の東洋文庫といった、古典のテクストを入手しやすい形で提供している叢書はある。しかしそういったシリーズの日本思想の分野について見ても、現在流通している点数はごく少ない。つまり、もし読者の方が本書を読んで、自分で荻生徂徠や伊藤仁斎の作品を読んでみようと思っても、それを手に入れる機会に乏しいのである。古書店や図書館を活用すれば、品切になっている本も読めるから、ふれることが不可能というわけではないものの、まずテクストを入手しにくいという意味で、日本思想の古典はなかなか「読む」ことができないのである。

さらに先にふれたように、実際に読者が思想のテクストを手に取る前に、何らかのイメージを抱いているかどうかという点で、日本の思想は西洋思想に比べて、とても不利な状況にある。西洋の思想については、それに関心をもつような読者は、漠然とした形であれ、古代から現代にまで至る思想史の大きな物語が、すでに念頭にあるはずだろう。それはたとえば、次のようなものである。

古代＝ポリス的人間の倫理学
中世＝教会的人間の倫理学
近代＝自然的人間の倫理学

これは、本書でも大きく扱う哲学者・思想史家の和辻哲郎（一八八九・明治二十二年〜一九六〇・昭和三十五年）が、一九三四（昭和九）年九月に京都帝国大学から転任して東京帝国大学文学部倫理学科の教授となり、「西洋倫理学史」の講義を担当するようになったさい、示した通史の構成である（『ポリス的人間の倫理学』序、一九四八年）。共同体としてのポリスの構成員として生きる人間の世界観を基盤とした古代の思想。キリスト教の神に対する信仰を最上位に置いて、世俗の事柄を階層秩序のうちに位置づけた中世思想。そして、神学と教会による支配を取り払い、一人一人の個人が人間としてもつ本性を解放し、発展させることを旨とした近代（和辻による表現では「近世」）の思想。

西洋思想史をこのような古代・中世・近代の三段階の整理によってとらえることに対しては、現在の思想史の研究水準に基づいて、いくらでも批判することができるだろう。だが一般社会では、このような図式が、いまだに多くの人が抱く西洋思想史のイメージを規定していることは、たしかだと思われる。

そして、プラトンやアリストテレスと言えば、古代のポリスに生きた人々の哲学だというイメージを想起し、ルネ・デカルトやイマヌエル・カントの名前を聞けば、何となく個人の心の内にある理性を重視する思想として、それを受けとめる。そういう具合に、個々の思想家についての先入見をもちながら、その作品にふれるのである。十九世紀以降の西洋思想についても、自由主義、社会主義、新カント派、プラグマティズム、実存主義、ポストモダン……といった分類が、同じように思想を整理するための大まかな枠組として働いていることだろう。

したがって、西洋の思想を「読む」という場合、その背景に関する情報をまったくもたない状態で、そのテクストを手にとることは、あまりないと思われる。もちろん場合によっては、『純粋理性批判』とか『存在と時間』とかいった本のタイトルを目撃し、そのたたずまいに魅せられて手にとり読破してしまう、といった純粋な出会いもありうるだろうが、非常にまれなことではないだろうか。だいたいの場合は、西洋のさまざまな思想家たちのうち、「どの時代に属しているか」「どの程度神学的で、どの程度世俗的なのか」「政治的に右か左か」といった分類のなかで、どういう位置にあるのか、何らかのイメージをもっていて、それに支えられながら、テクストを「読む」行為がなりたっているのである。

だが日本の思想の場合は、これと同じような形で「読む」ことができない。強いて言えば徳川時代の思想史に関しては、儒学・仏教・神道のどの部類に入るか、儒学や国学のうちどの学派に属しているかといった形で、大まかな位置づけを頭に入れて個々の思想に接する条件が整っているとは言える。しかしそのほかの時代も含めた、古代から現代にまで至る長い思想史の物語として、広く共有されたものがあるかどうかは疑わしい。背景となる大きな枠組を前提に個々のテクストを了解するという、西洋思想と同じやり方で、日本の思想を「読む」ことはできないのである。先ほどふれた、本の入手のしにくさも含め二重の意味で、日本の思想を「読む」営みは困難な条件に置かれている。

2　近代日本のアカデミズムにおける「日本思想史」の位置

一般論として言えば、思想史の研究が行なわれ、その成果が発表される場は、大学に代表されるアカデミズムに限られるわけではない。大学に属さない人が思想史に関する知見を著書などの形で発表し、それがアカデミズムの研究者によって重要な業績として注目される例は、多くはないがたしかに存在する。また大学の関係者でも、特に思想史という看板を掲げているわけではない文学や歴史学などの研究者が思想史のすぐれた研究を発表することもある。

しかしそうは言っても、大学における研究・教育の体制が、一つの専門分野としてどの程度整備され、どのくらいの人数がそこに関わっているかが、学問の全体としての活発さを大きく左右する。それはどの分野についても言えることだろう。そしてこの点で、日本思想史という学問分野はきわめて不利な状況にある。個々の思想を理解するための共通の大きな枠組が確立しにくい背景には、日本思想史という学問が、未発達な状態のままにとどまってきたという歴史がある。

たとえば、東京大学で二〇一七年度における学士課程教育（大学一年生から四年生までの、いわゆる学部教育）の授業科目で、日本思想史に類する名前がついているものは、文学部の「日本倫理思想史」、法学部の「日本政治思想史」、教養学部の「日本思想」の三分野のみである。そのほかに教養学部や教育学部で、日本思想史に関連する講義や演習が、ごく少数開講されているにすぎない。かつては経済学部に「日本経済思想史」という講義があったが、いまでは消滅している。西洋思想史関連の授業が、文学部の哲学科や倫理学科だけでなく、法学部・経済学部・教養学部・教育学部で開講されていることに比べれば、きわめて少ないのだが、これでも日本の大学のうちでは多い方なのである。人文学系の学部のある大学を全国の範囲で調べても、日本思想史に関する授業をまったく開講していない大学が多数派だろう。

いまの日本では、日本思想史の専門授業を学生に提供している大学がきわめて少ない。このことの原因にはもちろん、近代の日本の大学が、主に西洋の学問の輸入機関として始まったことがある。近代の大学史は、一八七七（明治十）年における東京大学の創立を出発点とするが、当初は多くの講義が「お雇い外国人」と呼ばれる欧米からの来日教師によって行なわれていたほどであり、ほとんどの分野に関して西洋の最新の学問を教えることを使命としていた。

ただ例外的に日本研究については、徳川時代の漢学・国学の学問系統に属する教官によって国文学と国史学が講じられたが、思想はその枠外である。西洋哲学のみが文学部哲学科では教えられたのであり、中国哲学とインド哲学は他学科に配当されていた。中国思想や仏教思想とは異なって専門学科が設けられない。この扱いから想像すると、明治の大学制度の設計者たちは当初、改めて学ぶに値するような独自の「思想」は、日本の伝統文化のうちにはないと考えたのかもしれない。

ただし、近代日本の大学が日本の思想に対してまったく冷淡だったわけではない。だが、その扱われ方にやはり問題があったのである。一八九〇（明治二十三）年に発布された教育勅語は、天皇への忠と父祖に対する孝を中心とした儒学風の徳目を、「臣民」に対して教えることを、学校教育の使命として定めた。これに呼応して明治時代の後半には、「国民道徳論」を主題とした著作が哲学者や教育家によって盛んに書かれるようになる。その代表者は、東京帝国大学文学部哲学科の教授を務めた井上哲次郎であった。

井上の著書『国民道徳概論』（一九一二年）は、「民族的精神の顕現」としての「国民道徳」について、東京帝国大学などで行なった講義の記録である。当時から昭和の戦中期まで、帝国大学の哲学科あるいは倫理学科にはこの科目がたいてい設けられ、学生が卒業後に旧制中学などの教師として道徳を教えるための準備の場となっていた。ここに言う「民族的精神」は、日本の国家の始まりから、「萬世一系の皇統」に基礎づけられた「國體」の持続と並行して、「日本人」が伝えてきたモラルと考えられている。

そして井上は、『日本書紀』神代巻の物語（いわゆる日本神話）から始め、神道と武士道を代表的な思想と見なして、その歴史を述べている。きわめて簡略な形ではあるが、アカデミズムにおける日本思想史の通史の試みとしては、最初期の業績と呼ぶこともできるだろう。

この日本独特の「國體」に根ざした「国民道徳」の伝統の中核となるものは、「忠孝一本」の徳目にほかならないと井上は述べる。日本ではすべてのイエが連綿と続き、その歴代の当主は国家大の「大きな家族」の家長たる天皇に忠誠を尽くしてきた。したがって、いまそのイエを継承しているわれわれもまた、天皇に絶対の忠誠を捧げることが、先祖の志を再現することに重なり、「忠」は同時に父祖への「孝」となる。そうした「国民道徳」の系譜をたどり、みずからもそれを体認し実践することが、日本の思想史を学ぶ目的なのである。

もちろん、福澤諭吉の『文明論之概略』（一八七五年）や、竹越與三郎の『新日本史』（一八九一～九二年）のように、大学（官学）から独立した民間の知識人による著作で、日本思想史の概説とも呼べる性格をもった仕事は、それ以前にも登場していた。だが大学のアカデミズムに関する限り、こうした国民道徳論の講義や著作が、近代における学問としての日本思想史研究の出発点になったのである。当然それは、政府からの「忠君愛国」の道徳教育の要請に応え、ナショナリズム感情を通じた国民統合に寄与する学問として考えられていた。

そして昭和戦前期になると、青年層に普及したマルクス主義思想に対抗する必要、また、中国ナショナリズムに対抗して日本の大陸権益を確保しようとする気運の高まりを背景として、「日本精神論」や（戦後にそう呼んだ名称として）「皇国史観」といった種類の著作が盛んに流布するようになる。その動きは満洲事変の前後から始まって、一九三〇年代なかばになると、アカデミズムにも大きな影響を及ぼすようになる。これもまた日本独自の「國體」と、天皇に対する絶対忠誠のモラルを、伝統思想の中核として強調するものであった。しかもそうした言説は、西洋哲学に対抗する形而上学理論といった装いを、従来の国民道徳論よりも強めてゆく。

昭和期のこの動向の頂点をなすのが、一九三五（昭和十）年、当時の岡田啓介内閣が始めた國體明徴運動である。この年、貴族院における論戦をきっかけにして、美濃部達吉によるリベラルな憲法学説は「國體」に反するという攻撃が、在郷軍人や右翼団体から巻き起こり、軍部の急進派や野党の政友会もそれに同調した。その結果、岡田首相もまた、美濃部の学説を否定して、天皇を「統治権の主体」とする学説を支持する声明を出し、「國體」に関する教育を強化する方針を打ち出した。その結果として、文部省はパンフレット『國體の本義』（一九三七年）を刊行して各学校と官庁に配布するとともに、大学での「國體学」講座の設置を推進したのである。

こうして、たとえば東京帝国大学文学部には「國體学」講座として「日本思想史」講座が新設され、国史学科教授であった日本中世史学者、平泉澄《きよし》が、その講義を担当することとなった。京都帝国大学文学部にも「日本精神論」講座が設けられて、国史学の西田直二郎と哲学の高山岩男の両名が担当している。やがて大東亜戦争の時期にかけて、平泉は「日本精神」の指導者として軍部に深く関与し、高山は「世界史の哲学」によって日本の対米英開戦を支持し、西田の門下生が文部省による「皇国史観」の普及に関わることとなる。つまりアカデミズムにおける日本思想史研究は、戦争にむかう「時局」を支える学問として、一九三〇年代の末から急速に発展をみたのだった。

したがって、この一時的な「日本思想史」もしくは「國體学」ブームは、一九四五年、敗戦と大日本帝国の崩壊とともに、終わりを告げることになる。東大の「日本思想史」講座も京大の「日本精神論」講座も廃止され、平泉・西田・高山の三名はそれぞれの理由で公職追放となった。ほかの大学の事例も同じような運命をたどったことと想像される。歴史上、こうした政治との密接な関わりをもっていたことは、現在でも学問としての日本思想史を考えるさい、意識しないわけにはいかない。日本思想史の授業を行なっている大学がきわめて少ない現状も、こうした昭和期の事情に由来するところがあるだろう。

3　二つの日本思想史──和辻哲郎と丸山眞男

近代日本のアカデミズムにおいては、日本思想史は大学制度の発足当初から、いわば周辺領域に置かれてきた。昭和の戦争期に政府の政策とも結びついて一時的に盛んになったものの、その体制が終戦とともに解体した事情もまた、その位置の周辺化をさらに強めたことと思われる。日本関係のそのほかの研究分野、政治史・経済史・文学史・美術史といった領域に比べて、思想史の研究者を育成している大学も、講義を常設している大学もきわめて少ない状態は、こうして生まれたのである。

だが例外的に、学問の研究内容に関して現実政治とのあいだに距離を保ってきたがゆえに、日本思想史の講座が終戦をこえて生き残り、現在も続いている例もある。東北大学文学部には、現在も日本思想史研究室があり、活発に教育・研究活動を行なっているが、その発足は、法文学部（戦後は法学部・文学部に岐れる）の設置と同じ、一九二三（大正十二）年である。第二講座の美術史と並ぶ「文化史学第一講座」という位置づけであり、初代の担当教授（着任は翌年）は早稲田大学で波多野精一から西洋哲学史を学び、国学思想の研究へ転じた村岡典嗣《つねつぐ》。大正期は、政治や実業の領域から自立した「文化史」への探求が盛んな時期──先にふれた西田直二郎もまた、そうした傾向を代表している──であった。出発期以来の、学問としての客観性を重視する姿勢を、この日本思想史研究室は保ち続けたと言えるだろう。

また、一九二六(大正十五)年に東京帝国大学文学部倫理学科では、第二講座として「日本倫理思想史」講座が設置されている。それは、従来も井上哲次郎らによって行なわれてきた国民道徳論の講義を常設化する意味あいをもっていたと推測される。当時は、大学生・高校生のあいだでマルクス主義の思想・運動が流行した時期であり、それに対抗する「思想善導」の試みが、官民双方から熱心に行なわれていた。この講座の初代教授に就任したのは、井上哲次郎のもとで哲学科助教授となっていた深作安文。西洋の倫理学に関する業績とともに、幼時から親しんだ水戸学の研究でも知られた人物であった。その意味ではこの講座もまた、政府の国民教育政策と密接な関係をもちながら発足していた。

だが、一九三四(昭和九)年に和辻哲郎が京都帝国大学から東大倫理学科の教授へ転任してから、状況は一転する。和辻もまた、京大では「国民道徳論」と題する講義を行なっており、同じ題名の論文をすでに発表してもいる(のち一九三五年に、著書『風土』の「日本」の節として再録)ので、国民道徳論の系譜と無縁ではない。しかしその内容は、日本人の社会生活における「家」の重要性を指摘し、それを「国家」とは区別して、井上哲次郎や「日本精神」論が説くような「忠孝一致の主張」を、「理論的にも歴史的にも多くの無理を含む」と批判するものであった。ナショナリズムの社会倫理としての重要性を認め、その原型となるものを伝統に探る点では国民道徳論と同じ姿勢をとるが、より学問的な手法によって前近代の日本思想の意義を客観的に明らかにしようと試みたのである。

こうして和辻は一九三五（昭和十）年から東大で「日本倫理思想史概説」の講義を担当するようになる。その内容は、「尊皇思想とその伝統」（一九四〇年）、「献身の道徳とその伝統」（同）、「人倫的国家の理想とその伝統」（一九四一年）、「武士道」（同）、「町人道徳」（同）といった論文の形で、岩波書店の雑誌『思想』や、みずから編者を務めた『岩波講座　倫理学』に次々と発表されている。それぞれの題名に表われているように、当初はナショナリズム思想（「尊皇思想」）、「献身の道徳」、政治的正義（「人倫的国家の理想」）といったテーマ別の通史という構成であったが、やがて戦後に、これを一つの通史へまとめ直した『日本倫理思想史』上下巻（一九五二年）を刊行することになる。

『日本倫理思想史』の序文で和辻は、「人間の普遍的な倫理が、歴史的社会的な特殊条件のもとで、どういう倫理思想として自覚されてくるかを、特に日本の場合について叙述しようと試みた」と自著を解説している。その日本思想史の構想は、和辻が他方で公表していた、みずからの倫理学の体系と密接に関連していた。

その理論は、一九二七（昭和二）年から翌年にかけて、ドイツをはじめとするヨーロッパ諸国へ留学し、公刊されたばかりのマルティン・ハイデガー『存在と時間』（一九二七年）に出会ったことをきっかけにして、構想されたものである。そしてマルクス＝エンゲルスによる『ドイツ・イデオロギー』『フォイエルバッハに関するテーゼ』や、ヴィルヘルム・ディルタイの著作も参照しながら、当時に流行していたマルクス主義の理論や、新カント派、人間学（哲学的人間学）、現象学といった諸潮流をのりこえる、新たな哲学体系をめざしていた。その構想は京大での「倫理学概論」講義（一九三一年開始）、さらに論文「倫理学」（一九三一年）としてまずまとめられ、それを改訂して成った著書『人間の学としての倫理学』（一九三四年）をへて、最終的に『倫理学』上中下巻（一九三七、四二、四九年）として結実することになる。

和辻の定義によれば、倫理とは「個人にして同時に社会であるところの人間の存在の理法」（『日本倫理思想史』緒論）である。人は常に他者との「間柄」のなかで行動しているという人間観からこの理論は出発し、倫理を個人の内にある意識のありようとしてとらえる方法を批判する。そして、ある「間柄」において、集団のなかでその人に期待される役割に忠実に行動することと、その束縛を離れて自分独自の行動をとること、その両者の運動が働きうるという意味で、人間は個人であるとともに社会の中に生きる存在でもあるとされる。簡単に言えば、個人が集団から完全に分離することもなく、反対に集団が個人の選択を封殺することもなく、両者のあいだでバランスをとる運動が続くのを可能にするもの。それが「人間の存在の理法」としての倫理にほかならない。

そして「人間の存在の理法」としての倫理は、特定の社会においては、その風土と歴史に根ざした特殊な「行為の仕方」として表われる。日本社会に関して言えば、「尊皇思想」「献身の道徳」「人倫的国家の理想」などとしてすくいあげることのできる、倫理思想の諸系譜は、日本社会において伝統的に正しいものとされてきた「行為の仕方」を示している。それはまさしく「人間の普遍的な倫理」を、日本社会の風土的・歴史的な条件のもとで具体化したものなのである。

和辻によれば、上に挙げたような日本の倫理思想の諸系譜は、そのうちでも国民の共通性の意識としての「尊皇思想」すなわちナショナリズムを基盤として、そこから「献身の道徳」や「人倫的国家の理想」などほかの系譜も派生している。そしてまた、それらの系譜はすべて、『日本書紀』『古事記』に記された「神話伝説」の内にすべて登場していたと考える。国民道徳論や「日本精神論」のような独断的な教説を排しながらも、そうした前提に立つ点で、和辻による日本思想史の構想はナショナリズムに対して親和的であった。

さらに、東北大学の日本思想史研究室、東京大学文学部の日本倫理思想史講座と並んで、東京大学法学部の日本（東洋）政治思想史講座もまた、「日本精神論」や皇国史観とは一線を画したがゆえに、戦後まで存続することのできた講座であった。だが國體明徴運動との関係は、さらに複雑である。実際にはこの講座も、文学部の日本思想史講座と同じく「國體学」講座の予算を用いて、一九三九（昭和十四）年三月に新設されたのであった。講座の新設に尽力した政治学史（西洋政治思想史）の教授、南原繁は、この予算枠を用いて、むしろ「日本精神論」を批判するような学問的な日本思想史研究の場を作ろうと考えたのである。その意図は、同年十月に始まった初めての「東洋政治思想史」の講義に、記紀神話の批判的な研究で知られた津田左右吉を、非常勤講師として招聘したことに、よく表われている。

この「東洋政治思想史」講座は、南原のもとで学び、助手に採用された丸山眞男が助教授を務めることとなり、大東亜戦争下の一九四二（昭和十七）年十月から講義を担当した。その初期の思想史研究は、いわゆる助手論文の「近世儒教の発展における徂徠学の特質並にその国学との関連」（一九四〇年）と、それに続く「近世日本政治思想における「自然」と「作為」——制度観の対立としての」（一九四一～四二年）に代表されている。この二つの論文は戦後になって『日本政治思想史研究』（一九五二年）に収められて世に知られるようになるが、奇しくも和辻の『日本倫理思想史』と同年の刊行で、ともに毎日出版文化賞を受賞している。

丸山の二つの初期論文は、徳川時代における、朱子学から荻生徂徠による徂徠学、さらに本居宣長の国学へという思想史上の変化をたどりながら、その内奥で「近代意識」が徐々に成長しつつあったことを発掘するものである。すなわち表面上は古い「封建的」な議論を展開していても、その「思惟様式」としては、政治秩序を人々の「作為」によって基礎づける「近代市民社会」の原理につながる萌芽が生まれていたのであり、その延長線上に明治時代における西洋の自然権思想の受容もあった。そうした形で、徳川時代から明治初期に至る思想史の発展の展望を描きだした。

大東亜戦争が終了したのち、丸山は戦後社会における民主主義派の知識人として、デモクラシーを支える精神の確立を唱え、論壇で華々しく活躍することになる。その現実政治論の基盤にあったのは、徳川時代・明治時代に関する思想史研究を通じて確立したヴィジョンにほかならない。丸山は文学部での和辻の「日本倫理思想史」講義を聴講しており、そのノートが残っているが、和辻の思想史研究については、「一段階前の国民道徳論の一変種に近くなり、国体論の一種のリヴァイヴァルの相を呈します」（『「文明論之概略」を読む』一九八六年、第二講）とのちにきびしく批判している。普遍的な「近代」の政治原理への接近を、実践の課題としても思想史理解の枠組としても重視する丸山にとって、「尊皇思想」につながる要素を高らかに賛美する和辻の日本思想史は、まずは克服すべき対象として意識されていたのだろう。

しかし、戦後に東洋（日本）政治思想史の講義を続けていくうちに、丸山はしだいに和辻と同じような、日本の思想伝統の対象化という営みに力を注ぐようになる。一九五六（昭和三十一）年度の講義で、古代の思想から講義を始めるようになり、翌年に発表した論文「日本の思想」（のち『日本の思想』岩波新書、一九六一年に第一章として再録）で、「天皇制の問題」「日本の知識人」「戦争責任の問題」といったさまざまなテーマに関して、前近代の日本思想に多く見られる共通の傾向と、現代の思想課題とを関連づける試みを展開している。そして一九五九（昭和三十四）年度の講義では「日本人の原初的思考様式」を論じ、そうした「思考様式」がそれ以後の時代にまで存続し続けたという構想を示すようになる。やがてこれを、日本の思想の「原型」（一九六三年度講義）、さらには「古層」（論文「歴史意識の「古層」」一九七二年）と呼びかえて、一九八〇年代に至るまで、分析の精緻化を試み続けた。

こうした戦後における丸山の日本思想史研究は、一面では和辻に見られたような、日本人が共有してきた伝統の探求という姿勢への回帰と解することもできるだろう。和辻とは異なって、丸山の場合、「原型」や「古層」という名で取り出される思想傾向は、克服すべきものとして対象化されている。だが、価値評価の方向は正反対としても、原初の神話から現代人の心理傾向に至るまで、一貫した特徴を「日本」の思想は保持しているという歴史認識に基づいて、その特徴を発掘しようという姿勢に関するかぎり、和辻と似たところがあるのはたしかである。

だが丸山は同時に、これとは異なる方向での「伝統」との対決も、みずからの思想史の方法として示していた。講演「思想史の考え方について」（一九六一年）には、こんな言葉が見える。「過去の伝統的な思想の発掘を問題にする場合に、われわれはその思想の到達した結果というものよりも、むしろその初発点、孕まれて来る時点におけるアンビヴァレントなもの、つまりどっちにいくかわからない可能性、そういったものにいつも着目することが必要であります」。ここで丸山は、どの時代にも共通する「原型」や「古層」の存在を確認するだけにとどまらず、ある特定の時代、特定の思想に着目して、それがはらんでいた可能性を再構成することが重要だと説いている。

岩波新書で刊行された『日本の思想』の「あとがき」でも、「これまでいわば背中にズルズルとひきずっていた「伝統」を前に引き据えて、将来に向っての可能性をそのなかから「自由」に探って行ける地点に立った」と語っている。克服すべき「原型」「古層」の存在を確認するとともに、過去の思想のもっていたさまざまな可能性を「自由」に探求する思想史。それが、丸山が戦後にとりくんだ日本思想史研究の課題だったのである。

和辻哲郎も丸山眞男も、論文・著書や講義録の形で、古代から近代に至るまで、日本思想史の展望をそれぞれ豊かに語っている。本書では、彼らが重視した話題を拾いあげ、近年の研究動向にもふれながら、日本思想史のさまざまな問題について概観することとしたい。そのことを通じて、過去の日本思想について読者に知っていただくとともに、近代になって日本思想がどのように解釈されてきたかを振り返ってみようと考えている。

一章　「日本神話」をめぐって

1　「神話」への視線

戦後日本で活躍した美術家、岡本太郎の代表作に『明日《あす》の神話』がある。横の長さが三十メートルにも及ぶ大作の壁画で、いまは東京の渋谷駅、マークシティの通路に展示されているから、見たことのある人も少なくないだろう。もともとはメキシコシティの高層ホテルのロビーの壁画として制作を依頼され、一九六八（昭和四十三）年から翌年にかけて制作されたが、ホテルの建設が中止になったため、長らく行方不明になっていた、いわくつきの作品である。岡本の没後、二〇〇三（平成十五）年になってメキシコシティ郊外の資材置き場に放置されているのが発見され、東京に戻るなりゆきとなった。

岡本太郎記念現代芸術振興財団が運営するウェブサイト「明日の神話再生プロジェクト」の

記述によれば、この作品は原爆をモティーフにしているという。たしかに画面の中央からは爆発を思わせる巨大な炎が広がって、骸骨が一体、立ちながらその光にさらされている。漁船のような船も小さく描かれているから、ビキニ環礁における水爆実験と第五福龍丸の被曝も念頭においていたのかもしれない。二〇一一（平成二十三）年の福島第一原発事故の直後にはこの壁画の片隅に、ある美術家集団が破壊された原発の絵をゲリラ的に貼りつけたことが、話題にもなっている。

岡本太郎のパートナーであった岡本敏子が、このウェブサイトのなかで語っているように、この絵は現代のテクノロジーがもたらした悲劇を告発するというだけのものではない。悲惨な歴史から題材をとりながらも、中央の炎と骸骨の姿は、生命がみなぎったエネルギーを感じさせる。現代の人類が直面している運命の悲惨さを示しながら、同時にそれをこえてゆく力が、この世界の奥深くには息づいている。「明日の神話」という表題は、二十世紀の苛酷な現実もまた、明るい未来への再出発を物語として告げる、原初の「神話」になりうるというメッセージなのだろう。

若いころ、一九三〇年代のパリで、マルセル・モースから民族学を学んだ経験をもつ岡本にとって、未開人の習俗を支えている思考を示すものとして、「神話」への関心はもともと強いものだったと想像される。そしてその「神話」のなかに、人間の歴史の原初にある力を見いだそうとしたのだろう。それと同じように、原子力技術は今日ではまだ原水爆という悲惨な事実をもたらしただけであるが、それは同時に、死と再生が隣りあう形で、人類が「明日」を作りあげるための物語をも生むのではないか。「神話」の表題にはそうした願いがこもっているようである。

だがもちろん、いまの日本で「神話」と語られるのは、岡本太郎ほどに熱い情熱をこめてその価値を説く事例ばかりとは限らない。たとえば『岩波国語辞典』第七版新版（岩波書店、二〇一一年）における「神話」の語釈はこうである。「その氏族・部族・民族の神を中心にして、往古の事実として伝えられた説話〔史実でなくてもよいところから、比喩的に「現代の神話」のように、根拠無しで皆が信じている事柄を指すこともある〕」。氏族・部族・民族の説話という意味はよいとしても、「神話」が比喩として用いられるときには「根拠無しで皆が信じている事柄を指す」と、やや否定的な意味合いの説明が見られる。

「現代の神話」という言い回しは、かつて岩波新書で刊行されていた、アメリカの哲学者、バロウズ・ダナム（ダンハム）の著書『現代の神話――正しいものの考え方』上下巻（泉誠一訳、一九五四年）を意識しているのかもしれない。二十世紀の社会において、差別や抑圧を正当化しているさまざまな「迷信」を、合理的思考を重視する立場から批判した書物である。原著はその七年前に刊行されたもので、もとの表題は“*Man against Myth*”。ここではむしろ「神話」は、文明人を惑わせ、誤った判断へ導いてゆく非合理的な迷信という意味で用いられているのである。実際ダグナム自身も、アメリカにおけるマッカーシズムの嵐のもとで、邦訳の刊行時には、非米活動委員会への協力を拒んだ結果として、テンプル大学教授の職を逐《お》われるという苦難のなかにあった。

ここでは「神話」と事実もしくは歴史との二つを、きびしく区別する思考方法が前提となっている。そして、事実に基づかない空想の産物として、「神話」を否定的にとらえているのである。さらにこうした二分法を、岡本太郎もまた前提にしていたと言えるかもしれない。文献史料に記された人間の歴史上の歩みとは異なった、未開人の空想の産物であるからこそ、文明にまだ汚されていない根源の生命が輝きだしているのである。その意味では二十世紀の「神話」賛美も「神話」批判も、「神話」そのものの性格づけに関しては同じ思考に基づいていると言えるだろう。

だが、いわゆる「日本神話」を書き記した古代の日本人が、同じような二分法の思考を抱いていたとは限らない。前者は空想の世界の出来事で、後者は事実の世界に属するとして区別するような発想はもっていなかったと思われる。

そのことは、「日本神話」を書き記した書物の代表とされる『日本書紀』『古事記』の編成によく表われている。もちろん「神話」という言葉が記紀のテクストのなかに登場するわけではない。「日本神話」と呼ばれているのは、『日本書紀』の全三十巻のうち、「神代」(上・下)と題された最初の二巻に記された物語である。『古事記』では上・中・下の三巻のなかで、上巻がちょうどその部分にあてられている。そして『日本書紀』の第三巻以後、『古事記』の中・下巻は、神武天皇(神日本磐余彦《かむやまといはれびこ》)から始まる天皇の歴代記(『日本書紀』の「神代巻」と対比した言い方では「人皇巻」)という編成をとるのである。

だが、巻の区別があるとはいえ、神代巻は天上の物語で、人皇巻はいまも人間が暮らしている地上の話といったような違いがあるわけではない。神々の物語に登場する天照大神の子孫として天皇家が登場し、人々の世界もその一続きの歴史の延長線上にある。内容のみに関するかぎり、この二つを決定的に分けるのは神武天皇による全国平定事業と「帝位」(『日本書紀』による表現)への就任なのである。その背景となっている時間の流れは、「神代」から、天照大神の子孫の系譜にそって、一つながりになっている。それはすべて、いまも人々が生活している、この現実界の内の出来事として語られているのであり、その意味では「神代」の物語もやはり歴史の一部である。

内容においては人間の世界と同じ時間軸にそって展開しながら、しかし「神代」として特殊な地位を与えられている神々の物語。『日本書紀』『古事記』に記された原初の物語がもつそうした特性が、近代において「日本神話」について語られるさい、その語り方を強く規定することになる。

2　「神話」の誕生

実は「神話」という漢字熟語は、日本で近代に入ってから新たに作られたものである。田口卯吉『日本開化小史』（一八七七年〜一八八二年）、久米邦武『日本古代史』（一九〇五年）といった、明治期に書かれた日本通史として代表的な著作では、神代巻の物語について「古史」「神代史」「古伝説」という表現を用いている。また、諸橋轍次『大漢和辞典』や『漢語大詞典』などの、大型の漢字辞典には、「神話」の語の前近代の文献における用例が見あたらない。明治期を代表する国語辞典である大槻文彦『言海』（一八八九年〜一八九一年）にも、その項目はない。「神話」は明治時代の後半になってから日本で、西洋語のmythの翻訳語として造られた言葉なのである。

「神話」という言葉のはじまりについては、天沼春樹「神話概念の変遷Ⅱ――翻訳語としての『神話』をめぐって（上）」（城西大学経済学会『城西人文研究』十三巻、一九八六年二月）、神野志《こうのし》隆光《たかみつ》「古代神話論のために」（『日本思想史講座1　古代』ぺりかん社、二〇一二年、所収）といった先行研究がある。そうした知見によれば、東京帝国大学文科大学の関係者によって一八九四

(明治二十七)年十二月に設立された、帝国文学会のメンバーのあいだで、この言葉が使われはじめたようである。ちなみに会の名称に言う「文学」は、学問という本来の漢語の意味ではなく、すでに文字言語による文藝という、現代語と同じ意味になっている。

機関誌『帝国文学』の創刊号(一八九五年一月)の巻末にある「雑報」中の記事「帝国文学会発会式」によれば、日清戦争中であった当時、その発会式は一八九四年九月の黄海海戦、十一月の旅順・大連占領をうけて、東京上野で東京市主催の第一回戦捷祝賀会が開かれたのと同じ日に合わせて催された。そして、創刊号(一八九五年一月号)の巻頭に掲げられた、東京帝国大学文科大学哲学科の教授、井上哲次郎による論説「日本文学の過去及び将来」(全三回連載の第一回)は冒頭でこう謳いあげる。井上はその十年前には新体詩の運動を主導した、文藝界の著名人でもあった。

> 文学は国民の花なり、即ち国民精神の煥発して光彩を成すものなり、如何なる文明国も、若し吾人が果して文明国と称し得べきものならば燦然たる一種の文学を有せざるなし、若し此の如き文学を有せざらんか、仮令ひ如何ほど他国を侵略するの伎倆あるも、未だ以て文明国と称するに足らず、(『帝国文学』創刊号、一頁。原文の傍点による強調は省略した。)

いま読むと「侵略」という言葉が強烈であるが、近代国家として初めての対外戦争において敵方を軍事的に制圧した直後の文章であるから、その興奮を反映した表現と読んだ方がいいだろう。そして井上の議論は、「国の膨脹するときは則ち文学を振起すべきの秋《とき》なり」という方向へむかう。すなわち、軍事だけでなく「文学」もまた、「国民の栄光を発揚」するための「国民の業務」として、その発達を進めるべきだというのである。「文明国」にはそれにふさわしい「美文学」が必要だ。――この観点から井上は、続く二月号に載せた続篇で、「我邦固有の思想」を根本にすえた上で、さまざまな「外国思想の精粋」をその上に「同化」させた「国民文学」の確立を説いたのである。

伝統によって伝えられた「国民精神」に基礎を置きながら、西洋思想、また古来の儒学・仏教など「過去の思想」の美点を吸収した独自の文学を追求しよう。「神話」の呼び名が登場するのは、こうした主張を述べるに際し、「我邦固有の思想」を確認する手がかりとしてであった。同じ論説には次のような言葉が見える。

我邦固有の思想とは外国思想の感化を受けざる前より発達して此国土に一種特異なるものを謂ふ、此の如き思想は吾人何によりて究明するを得るか、幸にして歌詠と伝説の存するあり、殊に古事記載する所の神話の如きは、吾人研究の対象として最も価値多しとなす、

〔中略〕古事記は実に世界文学中一種特異の光彩を有するものにて、吾人の嘆賞して已まざる所の奇書なり、（前掲誌、九〜一〇頁）

井上は『古事記』が『イーリアス』『オデュッセイアー』にも匹敵する、古代の「文学」だと絶賛する。だがその理由は文藝作品として優れているからというだけではない。そのテクストに「我邦固有の思想」が純粋に表われていることが、より重要なのである。

井上によれば、そこには第一に「想像雄偉」の特質が見られる。『古事記』の「神話」には、いま人々が暮らしている世界（葦原中国すなわち日本国）だけでなく、天としての「高天原」、地下の世界としての「黄泉国」、海の彼方にある異郷としての「根の堅洲《かたす》国《くに》」が登場する。そうした「広大なる世界」のさまざまな出来事が、「唯一の連続せる説話」のなかに包摂されているのである。

そして特徴の第二は「気象快活」。インドの「文学」が「厭世的」であるのに対して、日本の「神話」には、天の岩戸の前で女神が踊り、神々が笑うといったエピソードがある。そして第三には「理想純潔」。黄泉国から葦原中国へ帰ってきた伊奘諾尊《いざなぎのみこと》が禊ぎをして「汚穢」を払った話や、須佐之男命《すさのおのみこと》が高天原で乱暴を働いて追放された話には、身体と精神の両面で「純潔を尚《たつと》ぶ」思想が読み取れる。井上はそう解説している。こうした井上の日本「神話」評価は、教育勅語の準公式の注釈書である『勅語衍義《えんぎ》』（一八九一年）の著者として、天皇への「忠義」を中心とする「臣民」の「徳義」を強調したことと無関係ではないだろう。ただここではあくまでも「国民文学」を支える美質として、『古事記』の「神話」のもつ価値が説かれている。

一国の文学の源流にあるものとしての「神話」。この言葉が新たに作られた背景には、井上とその周辺の『帝国文学』関係者たちが、西欧における神話学（mythology）への関心を共有していたことがあったと推測される。当時、オックスフォード大学のフリードリヒ・マックス・ミュラーが比較神話学を確立したのち、それに対する批判から、未開民族の儀礼・風習を参照しながら神話の意味を理解するアンドリュー・ラングらの人類学的比較神話学が生まれていた。またドイツではヴィルヘルム・マンハルトが、農業と関連する民間信仰から神話が生まれたと説いて、宗教学的神話学を始めるなど、神話学のさまざまな学派が活躍する時代であった（高木敏雄〈大林太良編〉『増訂　日本神話伝説の研究』1、平凡社・東洋文庫、一九七三年による学説史整理を参照）。

井上の「神話」礼賛ののち、『帝国文学』では一八九六（明治二十九）年八月号で、上田敏「細心精緻の学風」が、日本の文学を発展させるためには西欧文化について、現地の学界における着実な研究を基礎としなくてはいけないと唱え、宗教研究とともに「神話学」の最新動向を紹介している。そして「神話」の概念が世に広まるきっかけをなしたのは、やはり『帝国文学』の執筆者であった高山樗牛《ちょぎゅう》（林次郎）が『中央公論』一八九九年三月号に発表した「古事記神代巻の神話及歴史」であった。これに対して、『帝国文学』関係者から姉崎嘲風《ちょうふう》（正治）と高木敏雄の二人、また國學院講師であった高橋龍雄が批判を加え、高木と高橋との相互批判も始まって、日本「神話」をめぐる論争が雑誌の世界を一気に賑わしたのである。おそらくはここから、「神話」そして「日本神話」――高木敏雄の論文に頻繁に登場する表現――という呼称が一般社会にも広まっていったのだろう。

高山樗牛の論文は、冒頭で『古事記』の「神代巻は神話なる乎、又は歴史なる乎」という疑問を掲げる。その見解は、冒頭の「天地初発の時」から、須佐之男命の高天原からの追放までが「純然たる神話」、そしてそれ以後の部分ではしだいに現実の「歴史」を反映した記述が混じるようになり、神武天皇のくだりからは「純然たる歴史」となるというものであった。ここで樗牛は「神話」を古代人の「想像」の産物として、「歴史」と区別する立場に立っている。すなわち「太古の民族」が「擬人法によりて自然現象を説明せむと」して、太陽の神としての天照大神や、嵐の神としての須佐之男命を「想像」したというのである。

こうした「神話」と「歴史」の区別は、「神話学」を文学研究の重要な要素と位置づける上田敏はもちろん、井上哲次郎も共有していたと思われる。「日本文学の過去及び将来」第一回では、「古事記載する所の神話」について、「誰れが造れると云ふことなく、漸次に国民中に発達し来たれる最古の伝説」と呼び、「個人の作為」による文学とは区別するものの、「国民」の脳裏に生まれた「伝説」には違いないという見かたを示している。古代日本人による想像の産物として、『古事記』や『日本書紀』の「神話」を意義づける視角は、やがて大正期にはさらに進んで、津田左右吉《そうきち》によるラディカルな「神代史」批判を生むことになる。

ただし津田左右吉は『神代史の新しい研究』（一九一三年）の冒頭で、自分は「神話学者」ではないと述べ、「神話」の概念を用いない。そこには『帝国文学』グループのような先行の論者たちと、みずからとを区別しようとする意識も働いていただろう。津田は高山樗牛より二歳下、高木敏雄の三歳上で、彼らの同年輩にあたるが、官学ではなく、東京専門学校邦語政治科に学んだ。東京帝国大学出身の歴史学者、白鳥庫吉に師事したのも、私的な紹介と、南満洲鉄道会社（満鉄）社内の満鮮地理歴史調査部での勤務を通じてである。のちに早稲田大学講師、さらに教授となるが、まだ大学に属さない学者であったころに『神代史の新しい研究』を刊行して、歴史学界に衝撃をもたらすことになった。

この本で津田が記紀の「神代史」の記述に与えた名称は、よりフィクショナルな意味あいが強い「作り物語」である。それは一般の「国民」のあいだで語り伝えられた「伝説」ですらなく、継体天皇・欽明天皇の時代に、宮廷によってその骨子が作られた物語なのであった。

神代史が事実を伝へた歴史で無いことは今さらいふまでもあるまい。今日のわれ〳〵がさう見るのみでなく、記紀の編者が既にさう考へてゐたのである。書紀には最初の二巻、則ちウガヤフキアヘズ〔瓊々杵尊《ににぎのみこと》の孫、神武天皇の父〕以前の物語に特に神代の名をつけてある。神代とは、人間の代で無いといふ意味であらうから、神代の物語は人間の歴史ではなからう。古事記には書物の上に別段さういふ名はつけて無いが、編述の体裁が神武天皇以後とは全く違つてゐる。のみならず、記紀共に同時代に作られたものであるから、同じ物語については、同じ考を、両方の編者が有つてゐたのであらう。また神代の物語は、だれが読んでも、実際の人事で無いことがすぐわかるやうに書かれてある。勿論、神武天皇以後の物語も、決して其のまゝに歴史的事実とは見られないが、大体に於いて人事らしく書かれてあるから、神代巻とは全く性質が違ふ。これは、記紀の編者が神武天皇以後と所謂神代との間に截然たる区別があるものと考へてゐたからである。言を換へていふと、神代の物語は歴史的伝説として伝はつたもので無く、作り物語であるといふことを示してゐるのである。もし伝説として伝はつてゐたものならば、それを特別に神代とする必要がないはずである。〔中略〕但し其のうちに、いくらか歴史的事実の反映が含まれてゐないとはいはれぬ。けれども、さういふ部分にしても、作者は歴史的伝説として書きとめたものではなく、或る伝説を材料として物語を作つたのであらう。（『津田左右吉全集』別巻第一、岩波

書店、一九六六年、一五〜一六頁)

神代史の「作者」という言い方が、津田の姿勢をよく示している。神代史の「物語」は、「政治上の必要から皇室の由来を説くために」(前掲書、一四七頁)、宮廷で作られたのであり、「国民」の精神・感情からはまったく遊離した作品であった。そうした創作物としての性格を「作者」自身も意識して書いていた事情が、すでに神代史に独特の「編述」のスタイルに表われているというのである。津田の「神代史」批判は、もし『帝国文学』グループの立場から見るならば、「日本神話」の発見がもたらした鬼子だったと言えるだろう。

3　昭和初期における「神話」論

前節では『帝国文学』グループが、『古事記』『日本書紀』の神代巻の物語を、「神話」もしくは「日本神話」と命名し、古代日本の「文学」に関する研究の重要な史料として位置づけた経緯を見た。だが、井上哲次郎について少しふれたように、彼らは文学作品としての価値だけを「神話」に見ていたわけではない。日本「国民」が古代から伝えている「国民精神」が「日本神話」には純粋に表われていると見なし、その発掘と現代における継承をめざす姿勢は、このグループに共有されていたものだったと思われる。

たとえば高木敏雄は、東京帝国大学文科大学ドイツ文学科にまだ在学中のころから、『帝国文学』に記者として寄稿し、高山樗牛の「神話」論をめぐる論争を展開した、若いメンバーであった。その研究はやがて著書『比較神話学』（一九〇四年）にまとめられ、日本における神話学研究の基礎を築くことになる。それは国生み、天の岩戸など、特徴的なエピソードに表われた要素を分析し、他国の神話と比較するという、学問的姿勢に貫かれたものであった。だがそれと同時に、「日本民族」の思考の源流を探るという問題関心に支えられてもいたのである。

論文「日本国民性と神話」（一九一七年初出、前掲『増訂　日本神話伝説の研究』1に再録）で高木は、「日本民族」が「将来の発展」を実現するためには、みずからの「国民性」をよく知ることが必要だと述べている。そして「日本神話」はその「国民性」を知る手がかりになると位置づけ、「日本の神話を貫いているのは、国家主義であります。皇室というものが、その国家的人文の中心にあって、その中心から発展して行くという思想でありまして、この思想は今日でも同じことであります」と語る。国民の「中心であり、祖先であらせられる」皇室に対する尊崇を、古代人と同じく現代人もまた「国民性」として共有している。それが高木の「日本神話」研究を支える確信であった。

こうした高木敏雄の「日本神話」に対する視線は、日清戦争によって高まったナショナリズム（「国家主義」と言っているのはおそらくこの言葉の訳語である）や、対外戦争に勝った軍事力に対する自負心と、無縁ではないだろう。近代国家の建設と強い軍隊の形成を可能にした日本の「国民性」の原点。それを探る有力な素材として「日本神話」に着目する姿勢は、高木のほかにも『帝国文学』のグループが共有するものでもあっただろう。

高山樗牛や高木敏雄が論争を繰り広げてから五年後、一九〇四（明治三十七）年には日露戦争が始まり、日本社会は再びナショナリズムの昂揚に包まれることになる。だが、日清戦争のときとは違い、このたびは少数の声ではあったが、幸徳秋水・内村鑑三・與謝野晶子といった人々が厭戦論や非戦論を発表し、すでに戦争中から空気には翳りが見えていた。そして日露戦争後になると、青年知識人の間では、ナショナリズムの空気が一気に消散する。彼らが戦時下の緊張から解放され、また日本政府も講和条約では期待したほどの成果を得られなかったことが、彼らの愛国心をしぼませたのである。日露戦争後の日本社会では、実社会での出世を求めず、自己とは何か、なぜ生きているのかといった問題に悩み続ける「煩悶」が、旧制高校や大学に通う男子学生のあいだでは流行思潮になる。

この動向に対して、政府と協力しながらこうした傾向を「個人主義」と呼んで批判し、「国民道徳」の確立と普及に努めた学者が、井上哲次郎であった。その代表的な著書『国民道徳概論』（一九一二年）の第五章で「国民道徳」の源流を示すものとしてとりあげるのが、やはり

「日本の神話」にほかならない。そこで井上は、天つ神の命令を受けて伊弉諾尊《いざなぎのみこと》、伊弉冉尊《いざなみのみこと》の二神が「国土の経営」に着手すること、「祖先崇拝の痕跡」が天照大神の物語に見えることなどに注目して、「祖孫相続の精神」が神話には表現されていると語る。そしてそれは、井上の説く日本独自の「國體」の独自の特質、すなわち「萬世一系の皇統」を継承する天皇が「国家全体の家長」として「臣民」を統率し、すべての「臣民」が天皇に対して「忠」を尽くすというあり方の原点を示すとされた。このような論理で「忠孝一本」や「家族国家」といったスローガンを唱える「国民道徳論」が、政府の教育政策と連動しながら、明治末期から大正期にかけて盛んに唱えられるようになったのである。

したがって大正期には、政府の教育政策や国民道徳論の著作において、天皇に対する「臣民」の絶対忠誠を基礎づけるものとして「神話」を理解するのが主流となる。これに対して学問上の見解として、高木敏雄の流れをくむ神話学や、津田による記紀研究が対抗するという図式になるのである。だが昭和期になると、マルクス主義との対抗や、満洲事変以降の対外戦争を背景として、「日本精神」論が猛威をふるうようになる。たとえばその代表的な著作である、紀平正美《きひらただよし》『日本精神』（一九三〇年）は、第三章で日本の「國體」を論じ、それを基礎づけるものとして「日本の神話」を位置づけている。

紀平によれば、「西洋の神話学を以て又日本の神話をも解せんとした学者達」は、「西洋の科学的思考」のみによって「神代史」を理解しようとする点で間違っている。その内容には日本社会を貫く「生活の中心」としての「概念」が息づいている。それはすなわち、「其の又天照大御神の統治統帥の力は、我が皇位に於ける継承である、従《したが》つて又天皇は現神《あきつかみ》の神であり、概念の体現者に外ならない」。

昭和初期に流布した「日本精神」論は、全国民の天皇に対する忠誠を説く点では従来の国民道徳論と同じであるが、それを一種の理念として神秘化する点と、西洋思想に対する排撃の姿勢を著しく強めていったのである。それが猛威をふるった結果、一九三九（昭和十四）年には、津田左右吉が東京帝大法学部で行なった最初の「東洋政治思想史」講義が右翼団体から攻撃され、翌年、記紀研究が皇室の尊厳に対する冒瀆にあたるとして、出版法違反で起訴される事件も起こった。

和辻哲郎が「日本倫理思想史」講義を始めたのは、一九三五年のことである。津田事件の四年前ではあるが、「日本精神」論が隆盛を迎え、軍部・右翼の政治勢力も強まる状況下で、特に「神話」について論じることは、緊張を強いられる営みであった。ちょうど津田事件の直前、一九三九年八月に、和辻は大正期の旧著『日本古代文化』（初版一九二〇年）の再改訂版（「改稿版」と表記）を刊行したが、そのさい新たに書き改めた「序」で、津田の記紀研究について書名をあげ、こう記している。

古事記や日本書紀の史料としての価値があのやうに薄められるといふことは、自分にとつては反つて強く記紀の大きい価値を見いださしめる機縁となつた。我々はこれらの書に於て上代人の構想力の働きをまざ〳〵と看取し得るのである。（和辻哲郎『日本古代文化改稿版』岩波書店、一九三九年、序二〜三頁）

「神代史」は、「国民」の精神とは遊離した支配者の創作品である。それが津田の「神話」についての理解であった。だが和辻は、記紀のテクストそれ自体は八世紀初頭に編纂されたにしても、それ以前の「神聖な権威による国家統一」の記憶が語り伝えられ、書き記されたのでなければ、大国主神から天照大神への「国譲り」（葦原中《あしはらなかつくに》国の支配権の譲渡）や、それに続く「天孫降臨」（天照大神の孫、瓊々杵尊《ににぎのみこと》が葦原の中国に降臨し、天皇家の祖先となる）といった物語が生まれるはずはないと考える。それはあくまでも、支配者・被支配者を問わず、国家統一の過程を見つめた古代の日本人の「構想力」の産物なのである。

その意味で「神話伝説」に関する和辻の研究は、『日本古代文化』初版以来、津田に対する批判の姿勢をとっていた。だがこの一九三九年の序文では批判の調子を低め、むしろ先行学説としての意義を強調している。そこには、すでに右翼団体や在郷軍人会から津田への批判の声が高まっているのに対して、学問的な「神話」研究を守るため、その積極的な意味を強調しようとする姿勢が読み取れるだろう。

したがって、和辻の「日本倫理思想史」講義は、発足のはじめから、「日本精神」論の勢力に対する対抗心と、しかしそれを正面から明示すれば弾圧にさらされてしまうという緊張感とを伴う営みであった。そのうち「神話伝説」に関する部分は、講義開始の翌年に論文「上代に於ける『神』の意義の特殊性」(『思想』一九三六年六月号、特集「日本文化」)として発表される。これがさらに、論文「尊皇思想とその伝統」(一九四〇年)のうちに改訂の上とりこまれ、単行本『尊皇思想とその伝統』(一九四三年)としてまとめられるに至った。

『尊皇思想とその伝統』は、大和王権による全国統一によって成立したと和辻が考えた、日本のナショナリズムすなわち「国民的全体性の自覚」が、天皇に対する「尊皇思想」として表われると説く点で、旧来の国民道徳論や同時代の「日本精神」論と似たところがある。だが、そのなかで提起しているのは、当代の天皇その人を「現人神《あらひとがみ》」として崇拝する考えや、外来思想を排除するような姿勢は、むしろ「神話伝説」に表われている、日本の倫理思想の伝統に反するという理解であった。

たとえば和辻は「記紀の物語は、天皇の担はれる伝統が神聖な権威を持つこと、すなはち皇統が天つ日嗣として神聖であることを示すのであつて、この伝統を担つておられる現人をそのまま神化しようとするのではない」と説明する。また、天照大神に対する信仰が、各地方の豪族の祖先神に対する信仰を包摂することで、「祭事」による全国統一が成立したと説きながら、「しかしそれは皇祖神の崇拝を唯一の祭事として全国に課するのではない。『汝は他の神を拝むべからず』（出埃及《エジプト》記、三四ノ一四）といふ嫉妬神はこゝにはいなかつた」と指摘する。「皇祖神」に対する信仰が全国に広まったといっても、それはほかの神々に対する信仰も寛容に存続させるようなものだったというのである。

さまざまな外来文化を受容しながら、古い文化を捨てることはせず、新来の文化との共存に努めるところに、日本の伝統の特色がある。それは和辻が論文「日本精神」（一九三四年）で、「日本文化の重層性」として論じたところであり、多様なものの共存という伝統の源流を、「神話伝説」に求めたのである。外来思想に対する寛容さは、実は井上哲次郎もまた、先に挙げた「日本文学の過去及び将来」第一回で、「我邦固有の思想」の特色として述べたところであった。しかし井上がそこで儒学や仏教の「同化」と、あくまで固有の神道の信仰への異文化のとりこみという形で論じていたのに対し、「神話伝説」に表われた神の観念の根本に、多様性の保持への志向が含まれていたと『尊皇思想とその伝統』は述べる。

和辻の理解では、「神話伝説」で活躍する天照大神のような神々の大半は、「祀られるとともに自らもまた祀る神」という性格をもっている。たとえば天照大神はみずから祭祀を行なう者として描かれるが、何の神を祀っているかについては記述がなく、あえて言えば「不定の神」である。したがって、「天照大神もまた背後の不定の神を媒介する神として神聖なのであつて、自ら究極の神なのではない」。天地の始まりとともに登場する「天つ神」たちについても、彼らもまた太占《ふとまに》によって神意を占っていたが、その対象についてもまた、記紀は「不定」のままにすませ、語っていないと和辻は理解した。つまり記紀に記された古代人の思想においては、「究極者」を何か一つに限定しようという発想がなかったと推定したのである。

究極者は一切の有るところの神々の根源でありつゝ、それ自身いかなる神でもない。云ひかへれば神々の根源は決して神として有るものにはならないところのもの、即ち神聖なる『無』である。それは根源的な一者を対象的に把捉しなかつたといふことを意味する。絶対者に対する態度としてはまことに正しいのである。絶対者を一定の神として対象化することは、実は絶対者を限定することに他ならない。それに反して絶対者を無限に流動する神聖性の母胎としてあくまでも無限定に留めたところに、上代信仰の素直な、私のない、天真の大きさがある。それはやがてあらゆる世界宗教に対する自由寛容な受容性として、我々の宗教史の特殊な性格を形成するに至るのである。（和辻哲郎『尊皇思想とその伝統』四四頁）

『尊皇思想とその伝統』においては明示していないが、戦後に『日本倫理思想史』（一九五二年）にまとめ直したさい、この「神話伝説」理解に関して、大東亜戦争中、「日本精神」論者として活躍した国語・国文学者、山田孝雄《よしお》に対する批判を述べている。あらゆる「世界宗教」、あらゆる文化に対する寛容さ。それが、「神話伝説」に由来する日本思想の伝統だと和辻は理解したのである。それはちょうど、天皇と政府に対する無条件の「忠」が「臣民」の義務であると説かれ、学問的な研究が西洋崇拝の産物として排除される戦時下の状況に対する批判ともなっていた。

ただし同時に、序章でもふれたように、和辻の「神話伝説」理解は、その後の日本の倫理思想の諸伝統が、そこに原型として表われているというものであった。たとえば天照大神は「すべてを活かせ、すべてを慈しむ太陽の神」として描かれ、そうした「和《なご》やかな心情」と「湿やかな情愛」が、多くの神々に共通している。この「人間の慈愛の尊重」が、のちの時代でも統治者による「仁政の理想」や、武士団における「恩愛の道徳」や、仏教についても親鸞に見られるような「慈悲の宗教の発展」を助け、「それ自身の活力」を保持し続けた。

このように、諸伝統の原型を「神話」に読み取ろうとする和辻の理解は、思想は時代とともに変化するものであり、それぞれの時代に固有のコンテクストに対応するものとして、その意味を解明する作業が思想史研究の第一歩だと考える立場からすれば、邪道だろう。ただ、記紀の編纂者が考えていた、神代史と人間の時代の歴史との関係を、忠実に反映した理解であったと評することは可能かもしれない。

中世史家の大隅和雄は、『日本史のエクリチュール』（弘文堂、一九八七年）のなかで、記紀の記述は、「神代」と「人皇の代」とを、単純に「同じ時間の流れの中で自然につながっているもの」として書いてはいないと指摘している。たとえば『日本書紀』では神武天皇が即位にあたって、瓊々杵尊の降臨から「百七十九万二千四百七十余歳」がたっていると、兄や皇子たちに語るくだりがある。この百七十九万年以上という数字は、あまりに厖大な数であり、具体的な年数としては意味をもたない。むしろ「神代」の「無時間」ともいうべきあり方を示している。

つまり大隅によれば、記紀に登場する神々が、伊勢神宮をはじめ諸国の神社にいまでも祀られていることに表われているように、「神々はいわば不死の存在として、生まれたり死んだりする人間とは別であり、人間のいる歴史の世界を、無時間の世界としての神世が覆う形になっている」。つまり、人間の歴史が始まったあとも、神々の世界は人間の世界を覆うものとして、永遠に存在し続けている。――もちろん、こうした古代人の信仰を、和辻が共有していたというわけではないだろう。だが、日本の長い歴史のなかで展開してきた思想の営みに対し、いわばその外から、一定の基準を与えてきた存在として「神話」の世界がある。そのように読むならば、「神話」に伝統の原型を見る和辻の理解も、案外、古代人の思考に近いのかもしれない。

二章　『神皇正統記』の思想

1　『神皇正統記』というテクスト

一九九一（平成三）年、茨城県東茨城郡城北町の教育委員会が所蔵する古文書、典籍のなかから、北畠親房《ちかふさ》『神皇正統記《じんのうしょうとうき》』の古い写本が発見された。もとは近くの水戸市六反田町にある六地蔵寺（六蔵寺）が所蔵していたもので、大永八（一五二八）年に書写されたと記してある。現存する『神皇正統記』の写本のうち、書写の年が明確なもののなかでは、二番めに古いと言われる貴重な本である。だが六地蔵寺からおそらく借り出され、百年ほど行方不明になっていたのが発見されたのであった。現在は影印本『六地蔵寺本　神皇正統記』（汲古書院、一九九七年）で見ることができる。

この「六地蔵寺本（六蔵寺本）」は、十九世紀初頭に完成した、塙保己一《はなわほきいち》の編纂による一大叢書『群書類従』が、その第二十九巻に『神皇正統記』を校訂して収めたさい、底本に用いたことによって、その名が知られていた。しかし、明治時代以降はその所在がわからなくなっていたのである。一九二六（大正十五）年十月、同じ年に東京帝国大学文学部国史学科の助教授に着任した中世史学者、平泉澄《きよし》がこの六地蔵寺本を探しに現地を訪れ、そのあと二回にわたって寺が所蔵する厖大な古書を調査し、整理にあたったが、ついに『神皇正統記』を発見することはかなわなかった。

だが蔵書の整理作業と並行しながら、一九二七（昭和二）年に平泉は、この古典に関する研究論文「神皇正統記研究」（『日本文学講座』第八巻、新潮社、所収）と、歴史学の方法論「国史学の骨髄」（『史学雑誌』三十八編八号）とを発表し、「日本精神」の体認と実践を説く歴史家としての立場を鮮明に打ち出すようになってゆく。直接の因果関係があるわけではないが、古写本の探索作業と、歴史家としての姿勢の明確化の過程とが重なっている。それは、この歴史書のもつ力に感化されたようでもある。

北畠親房（永仁元・一二九三年〜文和三・一三五四？年）に関しては、その没年をめぐって諸説があり、どれが正しいのかはっきりしない。『神皇正統記』の自筆本はもちろん、早い時期の写本が残っていないのも、いかにも南北朝時代の激しい戦乱のなかで書かれた本らしい。後醍醐天皇の近臣であった親房は、延元三（一三三八）年九月、吉野の南朝側の劣勢を挽回するため、関東・東北地方の武士たちを組織して反撃しようと考え、伊勢から船で出発した。しかし暴風にあって常陸国（現、茨城県）に漂着し、その後しばらく、同地を転々としながら、北朝方の勢力と戦い、武士たちに南朝を支持するよう呼びかけ続ける。そのさなか、筑波山麓の小田城で書きあげたのが、『神皇正統記』である。六地蔵寺本などの写本に残る跋文によれば、延元四（一三三九）年にいったん完成したものの、その原稿は手元から失われ、その四年後、興国四（一三四三）年に再び執筆したものが、現在残っているテクストである。

大日本者《おほやまとは》神国也。天祖《あまつみおや》はじめて基《もとゐ》をひらき、日神ながく統を伝給《つたへ》ふ。我国のみ此事あり。異朝には其たぐひなし。此故に神国《かみのくに》といふなり。（岩佐正校注『神皇正統記』岩波文庫、一九七五年、一五頁。以後、原文の引用は同書による）

『神皇正統記』冒頭の有名な文句である。日本を「神国」と呼ぶことは、この時代に珍しいことではない。「神国」とはもともと、『日本書紀』のなかで、神功皇后の朝鮮出兵のくだりに見える表現であり、神々が守っている国という意味を示す。この言葉が十三世紀のモンゴル帝国による二度の来襲（文永・弘安の役）の前後、さまざまな史料で使われるようになった。来寇の噂を恐れた朝廷や公家・武家は、その調伏《ちょうぶく》を神仏に祈るさい、願文《がんもん》に「神国」と記し、幸い撃退しえたあとは、加護に対する感謝をこめて、同じ言葉を用いたのである。

本来『日本書紀』で使われた文脈から言えば、「神国」という言葉は、天地の始まりとともに登場した「天つ神」たちと、続いて生まれた天照大神、さらにその子孫の天皇の存在と結びついている。神功皇后は、一九二六（大正十五）年に制定された皇統譜では、あくまでも皇后の扱いとなっているため、現在では歴代の天皇のうちには数えられないようになっている。だがそれ以前の時代では、神武天皇の後継者たちのうち、正式に即位したと言えるかどうかについて微妙な数名をめぐり、誰を皇統に数え入れるかについて定まった見解は確立していなかった。第〇〇代という数え方も、細かい部分ではまちまちだったのである。

神功皇后についても、前近代では歴代の天皇の数のうちに入れる場合があった。『神皇正統記』は、神々の時代に関する記述に続いて、神武天皇から親房の同時代、後醍醐天皇と執筆当時の「第九十六代、第五十世の天皇」（後村上天皇）に至る天皇の歴代記を記す編成になっている。そして神功皇后は第十五代の天皇と位置づけられるが、これはまず、夫である仲哀天皇の没後、ひきこもって神の祭祀に務めていたとき、すでに皇子、のちの応神天皇をみごもっていたという理由によるのだろう。さらに、『神皇正統記』の初稿の執筆時期は、モンゴルの来襲からまだ六十年ほどなので、記憶がそれほど古びていない。海外へ出兵し、神々に護られた「神国」としての本質を明らかにしたという事情も、歴史を語るさいに神功皇后の位置を高くさせたのではないか（これ以後、本章での天皇の代数は、『神皇正統記』での数え方による）。

さらに中世においては、神功皇后・応神天皇の母子が、特別な天皇としての位置をもっていた。本来は大分県宇佐市の宇佐神宮（宇佐八幡宮）を中心として祀られていた八幡神は、神仏習合によって八幡大菩薩としても祀られ、また応神天皇、そして神功皇后もこの神仏の化身とされていた。やがて九世紀には京都の南に勧請されて石清水八幡宮が創られ、伊勢神宮（内宮）に次ぐ第二の「宗廟」（天子の祖先を祀る施設）として、皇室とそれに仕える公家・武家の信仰を集めた。親房の同時代には、鎌倉幕府においてもまた、武家の守護神として鶴岡八幡宮が御家人たちに崇拝されていたのである。

『神皇正統記』は、天孫降臨のさい、天照大神が瓊々杵尊《ににぎのみこと》に与えた三種の神器、すなわち八咫《やた》の鏡、八尺瓊《やさかに》の曲玉、叢雲《むらくも》の剣を、代々の天皇が継承することを特に強調している。したがって瓊々杵尊の降臨のくだりで、三種の神器に関する長い説明が入るのは当然だが、応神天皇の治世についての叙述の末尾でも、改めて説明を展開している。それはやはり、天照大神と並んで八幡神が「二所《ふたところの》宗廟」であるという位置づけに由来するのだろう。

親房はこの箇所で言う。「大方《おほかた》二所宗廟の御心をしらんと思はば、只正直を先とすべき也。大方天地《あめつち》の間ありとある人、陰陽の気をうけたり。不正にしてはたつべからず」。天孫降臨のくだりに見える神器の説明で、親房は鏡・玉・剣がそれぞれ人が身につけるべき「徳」を象徴していると語っている。鏡は「正直」、玉は「慈悲」、剣は「智恵」に対応し、天皇とそれに仕える臣下たちは、統治にあたってこの三つの徳を十分に発揮しなくてはいけないと説いた。そして三つのなかでも、鏡が象徴する「正直」、すなわち「私の心」を排して物事の「是非善悪」をはっきりと見きわめ、その判断のままに実践する態度が、もっとも基礎にあるとしたのである。

此三種「の神器」につきたる神勅は正《まさし》く国をたもちますべき道なるべし。鏡は一物をたくはえず。私の心なくして、萬象をてらすに是非善悪のすがたあらはれずといふことなし。そのすがたにしたがひて感應するを徳とす。これ正直の本源なり。玉は柔和善順を徳とす。慈悲の本源也。剣は剛利決断を徳とす。智恵の本源也。此三徳をあはせ受《うけ》ずしては、天下《あめした》の（を）おさまらんことまことにかたかるべし。神勅あきらかにして、詞つゞまやかにむねひろし。あまさへ神器にあらはれ給へり。いとかたじけなき事をや。中にも鏡を本とし、宗廟の正体とあふがれ給。鏡は明《めい》をかたちとせり。心性あきらかなれば、慈悲決断は其中《うち》にあり。又正く御影をうつし給しかば、ふかき御心をとゞめ給けむかし。（前掲書、三七～三八頁）

さらに応神天皇条に見える「大方天地のありとある人、陰陽の気をうけたり。不正にしてはたつべからず」という言葉は、「天地」すなわち大宇宙・大自然と人間との関係のなかで、三種の神器がもつ重要な位置を示している。この鏡・玉・剣は、それぞれ日・月・星の「精」として、大宇宙のエッセンスを凝縮しながら、いわばこの世界の中心として永遠に「現在」するものにほかならない。したがって、同じ「天地」のうちに生きているあらゆる人間は、統治者と被治者とのあいだに程度の違いがあるかもしれないが、「正直」の規範に従い、「慈悲」と「智恵」を発揮して生きるよう、努めなくてはいけないのである。

このように親房は、三種の神器を世界の中心とも言うべき特権的な存在にまで位置づけ、その神器が象徴する「徳」を、天皇をはじめとする統治者は、そして究極的には被治者もまた実践すべきだとする。その議論は、いくつかの点で独特な意味あいを帯びている。「徳」と並ぶ規範原理を示す言葉として、親房が『神皇正統記』で繰り返すのは「道」と「正理」である。この書物は冒頭で、中国の天台宗の高僧、志磐《しばん》が著した仏教通史である『仏祖統紀』(一二六九年成立)を参考にしながら、インド・中国(「震旦」)・日本を含む世界地図を説明し、三国それぞれに伝わる世界生成の説話が似ていることを指摘して、日本のみならず世界に普遍的に通用する「道」「正理」が存在する証とする。つまり、そうした世界普遍の「道」を三種の神器は体現しているのであり、だからこそ「徳」を実践する行為は高貴な義務となると説いた。

親房が『仏祖統紀』にふれたのは、自身が真言宗の僧侶でもあったことと、伊勢神宮の外宮《げくう》を中心に生まれていた伊勢神道の教説を学んだことを通じてであったと思われる。そしておそらくは伊勢神道経由で、儒学（朱子学）の政治論を素朴な形で受容するに至った。三種の神器に象徴される「徳」を、天皇と臣下は実践しなくてはいけないという議論は、そのことをよく示している。応神天皇条で親房は言う。「積善《しゃくぜん》の家に余慶《よきゃう》あり、〔積〕不善の家に余殃《よあう》あり」。これは儒学の古典である『易』に由来する文句で、「徳」をきちんと身につけない統治者には、天からの罰が降り、その家系がすぐに絶えてしまうと警告するものであった。

しかも親房は、徳による政治を統治者にきびしく要請する姿勢を貫いた結果として、儒学における問題ぶくみの発想、放伐革命論までをも『神皇正統記』の叙述に導入した。放伐革命論とは、『孟子』梁恵王下篇に記された、戦国時代の諸侯の一人、斉の宣王との対話において孟子が語った議論を典型とする政治論である。たとえば夏《か》王朝の最後の王、桀《けつ》王と、殷王朝の最後の王、紂《ちゅう》王の二人は、すさまじい暴君であった。民が重税で苦しんでいるのにそれをまったく顧みず、贅沢三昧にふける。法を犯した者を残虐な刑に処して、それを喜ぶ。その不徳ぶりを諫める臣下に対しても、追放したり処刑したりする。

そこで天下に苦しみの声が満ちるようになったとき、両者の場合とも、臣下のなかできわめて有徳な者が、民を救うべく反乱を起こすことになる。桀王に対しては成湯が桀を追放して、みずから王（湯王《とう》）となって殷王朝を始めた。紂王に対しては姫発《きはつ》が兵を挙げ、紂王の軍勢を打ち破って滅ぼし、周王朝の初代君主、武王《ぶ》となった。こうした「放伐」による王朝交替について儒学では、天が仁政安民の職務を命じる「天命」が、旧来の君主から離れ、「放伐」に立ち上がった臣下へと新たに降ったと考える。このとき、天下の民の苦しみの声のなかに「天命」の更新は示されていた。儒学における民本主義と言われる発想であり、こうした王朝交替を、「天命」を革《あらた》めるという意味で「革命」と呼んだのである。

日本では、天皇の位が瓊々杵尊の子孫に「天壌無窮」に伝えられるのが、天照大神による定めであり、それ以外の氏族へ移ることはないから、『神皇正統記』の記述にも「革命」という言葉は登場しない。だが、暴虐な大王として知られた、第二十六代の武烈天皇が早世したあと、子孫がいなかったので、「群臣」たちが協議して、応神天皇の別系の子孫で「賢名」の高い人物を越前国（福井県）から探し出して皇位につけた。こうして即位した継体天皇について、親房は「天の命をうけ、人の望にかなひ」と評価している。臣下が暴君を追放したわけではないが、人々の声のなかに「天命」を見いだし、徳の高い人物への王位の交替を正当化する論理は、放伐革命論そのものである。

さらに歴史上には、悪徳な天皇を臣下が追放した例もあった。第五十七代の陽成天皇（貞観十八・八七六年即位）は、「性悪《せいあく》にして人主《じんしゅ》の器《うつはもの》にたらず見え給ければ」と評されるほどの暴君であった。摂政であった藤原基経がこれを憂え「天下のため大義をおもひて」、退位させ、皇族の皇子たちのなかで「人主の器量」が特にすぐれていた者を選んで皇位を継がせ光孝天皇とした。

また、承久の乱（承久三・一二二一年）において鎌倉幕府を滅ぼそうとして失敗した後鳥羽院に対して、親房の評価は厳しい。その見るところによれば、そもそも源頼朝は戦乱を平定することで民の苦しみを救った、「徳」のある統治者であった。後鳥羽院が敵対しようとした北条泰時もまた、「徳政」を重視し「法式」を整備した名政治家である。幕府に対する天下の「人望」は揺るがないものであった。したがって、院の側で「是にまさる程の徳政」も実行していないのに、一時の憤懣によって兵を挙げたのは「上の御とが」にすぎない。この文脈でも親房は「天の命にまかせ、人の望《のぞみ》にしたがはせ給べかりしことにや」と、天命と人心を結びつけて論じている。そして、北条義時・泰時が、後鳥羽院をはじめとする三人の上皇を辺地へと追いやり、皇位を後鳥羽院の甥にあたる後堀河院に譲らせた措置を是認するのである。

こうした親房の議論は、放伐革命の論理を部分的に適用したものと言えるだろう。つまり、皇位が神武天皇の子孫のほかの氏族へ移ることはありえないが、天皇一族のなかでの、いわば複数の家系のあいだで、皇位を別の家系へと譲らされるという一種の放伐が起こるのである。つまり親房は、そういう事態を招かないように、天皇自身がしっかりと徳を涵養することを求め、また天皇を支える公家・武家の臣下たちにも、北条泰時のような「徳政」を行なうことを要求したのである。応神天皇に関するくだりで、三種の神器について改めて説明を展開し、「正直」の徳の実践をあらゆる人間に求めているのも、おそらく八幡神を奉じる幕府の存在を意識した議論であろう。

したがって、後醍醐天皇による建武中興について、親房はもちろん南朝の忠臣として礼賛の言葉を記してはいるが、本音では鎌倉幕府を倒す必要性について、疑っていたのではないか。実際に、後醍醐天皇の政治について論じたくだりには、人材登用に関しては「譜第」すなわち世襲されるイエの家格に応じた「職」につけることを前提とし、その上で「才」「徳」のある人物を登用するのが、一条院の時代、寛弘の世（一〇〇四年〜一〇一二年）から定まった原則だと述べ、後醍醐天皇が身分の低い武士たちを「一旦の勲功」によって高官の地位につけたことを批判している。うがった読み方をすれば、天皇の気ままな人事が、足利尊氏の権勢欲を増幅させ、反乱を招いたと指摘しているようでもある。

山崎正和はかつて『室町記』（一九七四年）において、親房を南朝の「醒めたイデオローグ」と評した。『神皇正統記』に「日本の統治権が根本的には「神聖な天皇」にあることは明記されてゐるが、一方、現実政治のためにはちゃんと抜け道も用意されてゐる。天皇にも徳がなければ運命が傾くのは当然なのであるし、政治の実権をあづかって天皇を助ける臣下があることは、むしろよいことなのだといふ。〔中略〕この理屈で行けば、足利幕府もただ精神的に天皇を敬ひ、合理的な政治を行なへば、親房の称賛を浴びることになったはずである」。親房はもともと「学識豊かな教養人」であって、どこかで南朝の「「陣営」に情念的に一体化することを避けてゐるやうに見えるのである」（『山崎正和著作集』第四巻、中央公論社、一九八二年、二五五頁）。妥当な指摘であろう。

京都の朝廷と鎌倉幕府が併存し、公家と武家がおたがいの序列を守りながら「徳政」を行なうことを、親房は高く評価していたと思われるが、生前に北朝方の政治をほめることは、もちろんなかった。だがその没後に『神皇正統記』は、むしろ北朝が正しい系統すなわち「正統」の継承者であるとする議論に、利用されることになる。

親房にとっては、真正な三種の神器を手にしている南朝こそが「正統」であり、北朝は「傍《かたはら》」すなわち傍系の「偽主」にすぎない。だが同時に、過去の歴代の天皇についても「正統」と傍系とを分け、「正統」である天皇には即位した代の順序だけではなく、神武天皇から父子関係の何代めにあたるかを示す「世」の番号をつけている。たとえば後醍醐天皇は「第九十五代、第四十九世」ということになる。これは親房によれば、皇位が傍系に移ることがあっても、やがて「おのづから」正統に戻ってゆく「道」があるからだと説明されている（前掲書、二四頁）。一応これは、吉野の朝廷こそが「正統」の継承者であることを基礎づける議論として考えたものだろう。

しかしその結果として、石井紫郎が『日本国制史研究Ⅰ 権力と土地所有』（東京大学出版会、一九六六年）で指摘したように、現在の後醍醐・後村上天皇からさかのぼって、親子関係の系列上に位置する天皇を「正統」と見なして「世」をつけ、ほかの天皇を傍系とする形になっている。この論理に従えば、もし三種の神器が北朝の天皇の手に渡れば、北朝の天皇が「正統」の末端となり、「正統」に属する天皇の顔ぶれはがらりと変わってしまう。実際に、南北朝の合一ののち、『神皇正統記』の写本はしばしば北朝を「正統」とするように改竄され、小槻《おづき》晴富『続神皇正統記』という、北朝の天皇を「正統」とした続編まで書かれるに至ったのである。三種の神器が継承されてゆくことを「正理」の実現と見なす視点と、正しい「徳」の実践を統治者に求める主張と、二つの異なる要素が併存する古典なのであった。

2 和辻哲郎と「人倫的国家の理想」

『神皇正統記』は親房の没後、主に写本を通じて読み継がれることになる。六国史のあと、京都の朝廷による正史は編纂されることがなかったので、それに代わる簡便な通史として重宝されたのだろう。徳川時代にはたとえば新井白石『読史余論』がこの本を引用文献として用いながら歴史叙述を進め、水戸学の思想家たちが歴史を論じるさいの典拠ともなった。

しかし、この書物が思想書として多くの注目を集めるようになったのは、徳川末期になってからである。後期水戸学の代表的な思想家、藤田東湖《とうこ》は天保十五（一八四四）年、藩主であった徳川斉昭《なりあき》とともに、公儀からの処罰として蟄居を命じられた。その境遇でみずからの生涯を振り返り、「尊神尚武」と「尊攘」（尊王攘夷）の理念を述べた漢文の著作『回天詩史』で、六国史が絶えたのちの重要な歴史書として、水戸藩で編纂が進められていた『大日本史』とともに、『神皇正統記』を挙げている。

東湖によれば、歴史書や諸家の記録、日記のたぐいはたくさんあっても、「巍然《ぎぜん》として山嶽の如き者、神皇正統記に若《し》くはなし」。東湖の理解では、この書物の根柢には天皇に対する親房の「忠貞之節」があり、「皇道之陵遅」（天皇を中心とする政治制度が衰えたこと）を嘆き、「奸兇之驕恣」（邪悪な北朝方の乱行）に憤る心情があった。そこで天皇を政治の中心におく「國體」を明らかにし、公家と武家がそれぞれの地位に応じて守るべき「名分」を正すべく、書きつづった書物なのである（原漢文、菊池謙二郎編『新定　東湖全集』博文館、一九四〇年、四三〜四四頁）。

『回天詩史』をはじめとする東湖の著作は、ペリー来航に始まる外交危機と政争の時代になると、尊王攘夷の運動家たちに盛んに読まれるようになってゆく。そして慶應二（一八六六）年には、慶安二(一六四九)年以来、実に二百年ぶりに『神皇正統記』の刊本が印刷され、版を重ねることになる。藤田東湖や會澤正志斎の著作と並んで、尊王のモラルと日本の「國體」を語った書物として人気を得たのだろう。この刊本は『標註校正 神皇正統記』と題され、京都の国学者、川喜多真彦《まひこ》(河真一)が校訂し、序文と簡単な頭注を施したものであった。そして本文の冒頭の頭注には、『回天詩史』で東湖がこの本を讃えた言葉を引用している。

明治期、特に大日本帝国憲法と教育勅語が発布された明治二十年代からのちの時期には、『神皇正統記』の活字による注釈書が多数刊行されるようになる。そうした刊本はしばしば、川喜多真彦と同様に、冒頭の注で東湖の言葉を引いているのである。後期水戸学を経由することを通じて、近代に入ってから『神皇正統記』が古典として再発見された経緯が、よくわかる。それは一方では漢文訓読調の文語文を学ぶため――この書物の文体は簡潔でわかりやすい――、学校の国語科の教材に用いられた。そして他方では、天皇に対する絶対的な忠誠が最優先のモラルだとする国民道徳論の古典として、尊重されることになった。

やがて昭和初期になると、「日本精神」論の隆盛とともに、『神皇正統記』は一種の聖典化を強めてゆく。その動きを大きく進めたのは、本章の冒頭でふれた平泉澄である。平泉は一九三四(昭和九)年、建武中興六百年祭の行事を執り行ない、著書『建武中興の本義』を発表するとともに、石川県の白山比咩《しらやまひめ》神社が蔵する『神皇正統記』の現存する最古の写本(白山本)の影印版の刊行をすすめている。こののち数年間は、後醍醐天皇六百年祭、大楠公六百年祭など、南朝関係のイヴェントが続いたのち、一九四〇（昭和十五）年には、皇紀二千六百年記念の国家事業を迎えるのである。

やはり皇紀二千六百年を記念した刊行物として、平泉の門下生であった神道史学者、小林健三が校訂し、平泉が校閲する形で、白山本の活字版が白山比咩神社から再刊された（初刊は一九三四年）。その書物に寄せた序文で、平泉は高らかに語っている。

皇国護持の大任を思ふが故に、［後醍醐天皇崩御の知らせに接しても］親房は涙を揮つて筆を執り、こゝに神皇正統記を著したのである。されば此の神皇正統記が、尋常一様の歴史書と異なり、皇国の特質を説き、國體の大義を明かにし、之を読む者に理想を示し、方向を授け、ひとり知識として之を授くるのみならず、千辛万苦不屈不撓、一途に斯の道を邁進せんとする熱情を伝へるのは、当然の事といはなければならぬ。即ち此の神皇正統記こそは、今二千六百年の輝かしき日を迎へて、その光栄に感激し、いよ〳〵國體護持の重責に任ぜんとする士の必読の書と云はなければならぬ。（「皇紀二千六百年を迎へて神皇正統記をおもふ」小林健三校訂『神皇正統記』白山比咩神社、一九四〇年）

こうした、「國體護持の重責」を「臣民」たちに教える聖典としての『神皇正統記』像に対して、正面からの批判を試みたのが和辻哲郎であった。最初は主題別だった『日本倫理思想史』構想で第一巻『尊皇思想とその伝統』に続く第二巻の中心をなすはずだった論文、「人倫的国家の理想とその伝統」(『岩波講座 倫理学』第六冊、一九四一年、所収)で、その解釈が展開されている。

「社会的正義の尊重」を意味する「道の支配」の理想が、日本の思想にはあった。一種の政治的正義論の伝統とも呼べるだろう。それは本来、「神代史」の神々の物語のなかに、「無私の慈愛」を示す天照大神の行動として表われたものであった。それを古代の律令国家が、法制化し定着させたと和辻は理解する。そこでは班田制や、貧窮した農民に稲を貸し与える出挙《すいこ》の政策にみられるように、「民衆の生存権を平等に保証する」という意味での「正義の実現」が、国家のはたすべき任務だと考えられていた。天皇も、その下に仕える貴族たちも、仁政を実現し、「道の支配」の理想を貫ぬかなくてはいけない。そうした意味での「国家の倫理的意義の自覚」「政治によつて人倫の道を実現するといふ理想」が、日本の思想伝統を貫ぬく重要な柱の一つだというのである。

この「道の支配」の理想は「儒教の人倫的理想」の受容と密接にかかわっている。たとえば聖徳太子の憲法十七条や、北条泰時による御成敗式目の制定や、北畠親房の『神皇正統記』、さらに『太平記』に、この伝統が綿々とひきつがれた。そう和辻は理解した上で、三種の神器が徳を「表示」するという議論に基づきながら、「徳政」を論じた『神皇正統記』を、とりわけ「人倫的国家理想の伝統にとつても一つの巨大なモニュメント」と礼賛するのである。先にふれた承久の乱をめぐる親房の議論については、「正義即仁愛の政治的理想」をよく示すものとしてとりあげている。

さらに親房の挙げる、正直・慈悲・智恵の三つの徳について、和辻は「正直」を「私心なき清明」と説明しながら、剣が「剛利決断」を通じて智恵に結びつけられていることに注目する。そして、山田孝雄《よしお》『神皇正統記述義』（民友社、一九三二年）のように、剣の徳を「勇」に結びつける理解を批判して、むしろ儒学思想に由来する「識の働きに於て真の認識を求める純粋哲学の立場」を、この「分別判断」の思想に読み取るのであった。それは、神器を伝える天皇の委任をうけ、実際の統治にあたる「扶翼の臣」がきちんと身につけ、発揮すべき徳にほかならない。政治家がそうした「分別判断」や「正義即仁愛の政治的理想」を忘れれば、政治はたちまち「力の支配」へと堕してしまう。

道の支配と、力の支配とを対置する議論は、支那事変の直前から大東亜戦争期にかけての、同時代の政権に対する批判と重なりあっていた。たとえば、「祭政一致」を唱えた軍人首相、林銑十郎に対する批判をこめた和辻の論文、「祭政一致と思慮の政治」（一九三七年）では、

「力」の政治をしりぞけ、「思慮の政治」を理想とするのが、日本神話以来の伝統だったと述べ、そこでも『神皇正統記』を、その代表としてとりあげている。それは、軍部の横暴に対抗して、議会に基盤を置いた内閣の主導性を、伝統思想を用いて基礎づけようとする試みでもあった。

しかし、和辻がここで強調するのは、あくまでも統治にあたる者がすぐれた「思慮」を発揮することである。「人倫的国家の理想とその伝統」においても、聖徳太子の憲法十七条が、第十四条で「賢聖」の任官を薦めていることに注目して、「統治の作用をなすものは哲人でなければならぬ」と、その意味を読みとっている。他方、憲法十七条の第十七条に見える「夫れ事は独り断《さだ》むべからず」という文句から、「衆臣」が「衆論によつて理を得たる辞《こと》を見出す」という形で、古代国家の意志決定がなされていたと説く。だがその根拠も「それが個人の偏狭を超えて理を得る道であるからであつて、逆に多数意見なるが故に理であるとするのではない。理を最も好く知るものは多数者ではなくして賢哲なのである」というものであった。そうした討議に加わる一種の知的・道徳的エリートのための政治教育の書として、和辻はこの『神皇正統記』を再評価したのである。

3 丸山眞男と「決断」の倫理

丸山眞男は一九三七（昭和十二）年に、東京帝大の法学部の助手となって、日本政治思想史の研究者の道へと歩みでたさい、和辻哲郎の「日本倫理思想史概説」の講義を聴講している。指導教官である南原繁から、日本思想史に関連する学内の講義には、すべて出るように指示をうけ、平泉の「日本思想史」講義とともに、和辻の講義にも出席していたのである。東京女子大学の丸山眞男文庫には、一九三八年度の平泉澄の講義の聴講ノート（二回分のみ）と一緒に綴じられた、和辻の講義の聴講ノートが残っている。おそらくは一九三八年度か前年度のものと思われ、和辻が「人倫的国家の理想とその伝統」で大化の改新・律令国家について述べた部分と共通する内容も、そのうちに含んでいる。『神皇正統記』に関する説明を講義で聴いたかどうかは定かでないが、いずれにせよ、刊行された「人倫的国家」論文も同時代に読んでいたことだろう。

そして一九四二（昭和十七）年に丸山は、短い論文「神皇正統記に現はれたる政治観」を雑誌『日本学研究』によせ、その末尾で、『神皇正統記』の思想史上の意義を熱烈に語っている。

政治的実践の成否はいかにもあれ、つねに「内面性」に従って行動することの価値を説き自らもそれに生きぬいた思想家としての北畠親房は幾百年の星霜を隔ててなお我々に切々と呼びかけている。（『丸山眞男集』第二巻、岩波書店、一九九六年、一七七頁）

ここで丸山は、マックス・ヴェーバー『職業としての政治』（一九一九年）が、政治家に求められる態度として説く、心情倫理と責任倫理との統合を、親房の思想に見いだしている。三種の神器の鏡が「象徴」する「正直」の徳、すなわち「純粋な内面性に徹する」態度をとって「徳政」にあたりながら、その統治の結果が本当に「安民」をなしえているかどうか見きわめ、みずから責めを負う態度。それを丸山は『神皇正統記』の記述から読みとったのである。

そして丸山の理解によれば、この「正直」の徳は「治者のみならず被治者」にも、その実践が求められると親房は説いていた。「賢哲」の「智恵」による上からの支配という政治像に傾いてゆく、和辻の『神皇正統記』理解とは反対に、統治者が秩序の運営にあたって働かせるべき思考方法を、一般の人々もまた身につけるべきだという提言を、親房の思想からひきだした。それはやはり親房の三種の神器に関する説明、「大方天地の間ありとある人、陰陽の気をうけたり。不正にしてはたつべからず」をおそらく根拠とするものであった。

戦後の丸山は、『神皇正統記』に関する論考を特に公表してはいない。だが、関心は強く持続していたことと思われる。東京大学法学部における一九六五年度の「東洋政治思想史」講義

（『丸山眞男講義録』第五冊、東京大学出版会、一九九九年）では、一章を割いて『神皇正統記』の政治思想を論じている。

そこで丸山は、政治の普遍的な理念としての「正理」と、皇位が血縁関係のうちで正しい順序によって継承される「正統」の発想との矛盾に対して、ごまかさずに向きあい、「苛烈な現実との対決のなかで永遠のイデーをつかみとろうとする」積極性を、親房の思想に見出している。これに対して近世の儒者たちは、親房に見られるような「超越的普遍者」への信仰を排除した結果、現実との対立・摩擦の意識を失ない、現状の追認へと向かうようになったと批判するのである。理念と歴史とのあいだの緊張のなかに生きた「危機の思想家」として、丸山は親房を描きだす。

『神皇正統記』の応神天皇条には、「天地の始は今日を始とす」という文句が見える。本来は『荀子』に由来する、この現在に「道」を実践しようと説くスローガンである。だがこの言葉について丸山は、波多野精一『宗教哲学』（一九三五年）をおそらく想起しながら、「永遠が時間を断ち切る「永遠の今」に接近している」という評価を下す。そうした、危機状況において現実のなかに理念を顕そうとする政治神学を、丸山は『神皇正統記』から読み取ったのであった。同じ講義録に見える、「敗者」の視点からする「歴史哲学」についての評価は、丸山の北畠親房研究がたどりついた境地を、はっきり示していると言えるだろう。

素朴に現代を註釈する「自然的」心情からは、現代を歴史的現代としてみようとする動機が出てこない。過去はすぎ去ったことであり、どうでもよいことなのである。／この意味での今日的な現実主義は歴史意識にもっとも遠い。これに反して、かくなった現実は、本来かくなるべからざりし現実だったのではないかという疑問があれば、そこからは当然に、何故あるべからざるものが実現したのかという問題意識が喚起されるだろう。だから、歴史意識ないし、その思弁化としての歴史哲学は歴史的な勝者よりは敗者の間に、功成り名遂げた者よりは没落したもの、没落しゆくもののうちに、まず醸成される。（『丸山眞男講義録』第五冊、三〇一頁）

三章　武士の倫理をどうとらえるか

1　新渡戸稲造『武士道』はなぜ書かれたか

新渡戸稲造《にとべいなぞう》の著書『武士道』は、武士の精神やモラルを伝える本として、広く読まれてきた近代の古典である。もともとは英文の著書であるが、いまでもペーパーバック版や日本語訳がいくつも刊行されている。この本についてインターネットで検索していたら、興味ぶかいページにゆきあたった。長らくエジプトなどアラブ諸国の日本大使館に勤務し、文化交流に努めたアラブ研究者、阿部政雄（二〇〇五年没）のブログ「日本・アラブ通信」（第八夜「アラビア語に訳されていた新渡戸稲造の『武士道』」）で、『武士道』のアラビア語訳の本が二〇〇〇年に紹介されていたのである。

それは一九三八年にベイルートの日本総領事館が発行したもの。翻訳にあたったのは、現地のフランス語新聞の記者であったモクタール・カナンという青年で、フランス語訳からの重訳であった。阿部の紹介によれば、訳者のまえがきにはこんな記述があるという。

私は、日本の工業発展の背景にある思考方式、道徳率を学びたい。それは、変貌する経済や政治制度と違って道徳律こそ不変であるからである。／『武士道』によって、日本の再興が、決してヨーロッパ人の盲目的引写しでなく、日本人自身の伝統的な道徳律、魂を保持してきた結果であることを発見した。／私は、この翻訳にあたって、道徳、義侠心、質朴等々イスラームの原則と武士道の原則が余りに類似していることに驚いている。唯一の相違は、アラブ民族は今、道徳、義侠心を忘れてしまっているが、日本人は大事に保持していることである。

阿部によれば、この訳書が「アラブ人には深い感銘を与えた」というのであるが、実際にいまでもアラビア語圏で広く読まれているかどうかは詳らかにしない。当時レバノンはオスマン帝国から独立したもののフランスの委任統治下に置かれていた。まだ第二次世界大戦による変動が及ぶ前で、秩序は安定していたはずである。

「日本の再興」と日本語訳されている部分は、『武士道』の英語原文が“the Restoration and the

whirlpool of national rejuvenation”（第十六章）と記している箇所をうけた記述と思われる。一八六八年の王政復古とそれに続く西洋化・近代化のことだろう。一九三八年当時のベイルートもまたフランス風の建物が並び、風俗の西洋化が急速に進んでいたはずである。ムスリムの青年が、レバノンの将来の完全独立のさいに依るべき先行の「道徳律」として、日本人のモラルを高く評価していた。当時の非欧米圏の知識人が抱いていた日本観を知ることのできる、貴重な例と言える。もちろん、日本政府の対外宣伝の一環として発表された文章であることにも、注意を払わなくてはいけないのだが。

もう一つ、この青年が、新渡戸が日本の「武士道」の特質として語っている「道徳、義侠心、質朴」といった美点について、イスラーム教の「原則」と共通していると説くところも興味ぶかい。『武士道』という本は、アメリカで刊行されたもので、英語圏のクリスチャンの読者を想定し、彼ら彼女らが共感できるような説明をめざしている。新渡戸自身もまたクエーカー派のクリスチャンであった。しかし同時に、レバノンで暮らすムスリムにもまた、共感をもって読まれる作品だった。新渡戸の著書は、欧米諸国以外にもさまざまな文化圏に通用するものとして、「武士道」を説明することに成功したのである。

新渡戸稲造（文久二・一八六二年〜昭和八・一九三三年）は、農政学者・植民政策学者・教育者として活躍した。盛岡藩の用人の息子として生まれ、みずからが武士の出である。アメリカやドイツに留学したのち、母校の札幌農学校（現、北海道大学）の教授となった。『武士道』を執筆・出版したのは、病気で農学校を退官し、アメリカで療養生活を送っていたあいだである。新渡戸がみずから英語で書き——ただしアメリカ人である妻メアリーから閲読を受けたことを、第十版の序文で明らかにしている——フィラデルフィアで刊行された。刊行されたのを一八九九年十二月（序文に記された執筆の月）としている例が辞典類には多いが、最近の研究によれば、一九〇〇年の初頭とするのがより確実な見解のようである（中島正道・佐藤奨平・中島めぐみ「新渡戸稲造『武士道』の書誌事項をめぐる混乱について」、『三田図書館・情報学会研究大会発表論文集』二〇〇八年度）。

第十版（一九〇五年）に寄せた序文によれば、刊行後五年のあいだに、インドのマラーティー語、ドイツ語、チェコ語、ポーランド語の翻訳が刊行され、ノルウェー語、フランス語、中国語への翻訳も準備中であったという。これだけ注目されたのは、当時の日本が飛躍的に国際社会での地位を上昇させていたことと関連するだろう。新渡戸がこの本を書く五十年前にはまだ「鎖国」状態にあった日本が、そののち急速に近代的な諸制度の導入に成功し、日清戦争において勝利を得ることができたのはなぜか。その問いに答える形で、日本人の精神の伝統のなかから「武士道」を提示した書物として、国際的に人気を得たのであった。

英語原書の題名は、*“Bushido, the Soul of Japan”*である。本文のなかでthe Soul of Japanとい

う表現を用いた箇所で、新渡戸はそれに付して「やまとだましい」という日本語をローマ字で並記している。まさしく日本人独特の精神を示すものとして「武士道」を提示しようとする姿勢が、題名そのものによく表われている。初版の序文で新渡戸が述べるところによれば、この本を構想するようになった経緯は、以下のようなものであった。

十年ほど前に、ベルギーのリエージュ大学で教えていた法学者・経済学者のエミール・ド・ラヴレーから招待され、その邸宅で二、三日を過ごしたことがあった。そのうちのある日、散歩のさいに宗教の話題になったとき、ラヴレーが「日本人は学校で宗教教育を行なっていないというわけですか」と問うてきた。カトリック国の学者として、宗教の信仰にかかわる授業が学校で行なわれるのは当たり前のことだったのであろう。そんなことは日本ではやらないと答えた新渡戸に対して、「宗教を教えていないとは！　ではどうやって道徳教育を施すのでしょう」とラヴレーは反問した。新渡戸はそのとき即答することはできなかったが、その後考え続けた結果、自分自身は道徳の教えを学校で受けたのではなく、「武士道」によって善悪の観念を吹き込まれてきたのだと気づくようになった。

しかし新渡戸が『武士道』を著した動機は、自分自身の道徳観の由来を探るという個人的な関心に尽きるものではない。一九〇五（明治三十八）年に、先にふれた新渡戸の新たな序文を追加した増補改訂版（第十版）が、日本・アメリカ・英国でほぼ同時に刊行されている。その日本版はこの年の六月に英文新誌社（The Student Company）から発行された。出版社名からして、旧制高校などで英語教材に使われることを期した出版だったのであろう。

その版は見返しに大きく「天覧」と印字され、挟みこみの小冊子に、四月二十一日付で天皇・皇后・皇太子への献上が受納されたことを記す宮内大臣、田中光顕《みつあき》による申し渡し書と、新渡戸自身——当時は京都帝国大学法科大学教授となっていた——による「上英文武士道論書」（英文武士道論を上《たてまつ》るの書）という日本語の文章が印刷されている。新渡戸の文章はこう始まる（原文の頭出・改行は省略し、ルビを付して引用する）。

伏《ふし》て惟《おもんみ》るに、皇祖基《もと》を肇《はじ》め、列聖緒《すじ》を継ぎ、洪業四表に光り、皇沢蒼生に遍《あまね》く、声教の施す所、徳化の及ぶ所、武士道茲《ここ》に興《おこ》り、鴻謨を輔《たす》けて、国風を宣揚し、衆庶をして、忠君愛国の徳に帰せしむ。斯《この》道卓然として、宇内の儀表たり。然るに外邦の人猶ほ未だ之を詳《つまびらか》にせず、是れ真《まこと》に憾《うら》むべきことなりとす、稲造是《ここ》に於て武士道論を作る。

（謹んで考えますと、神武天皇がこの国の統治を始め、歴代の天皇陛下がその血統を継承されて、偉大な事業は国土全体に及びました。そこで歴代の天皇陛下による恵みが人民の全体に行き渡り、その教えが施され、聖徳による感化が広がったことで、武士道が生まれたのです。武士道は天皇陛下の事業を補佐し、国の風俗を向上させ、民衆を忠君愛国の徳へと導き、この道は高々と立ち現れて、天下の規範となりました。しかし外国の人々がまだこの道について詳しく知らないのは、まことに残念なかぎりです。そこでこの稲造が武士道論を著したのです。）

このときは日露戦争の最中であり、日本海海戦で決着を見るのは、新渡戸がこの文章を書いた四月の翌月、五月の末である。天皇の「皇沢」や「徳化」、また「衆庶」の「忠君愛国の徳」を強調するのは、戦時下で高まっていたナショナリズムの風潮を反映した部分もあるだろう。だがそれは、もともとこの本を書いた動機にも関わっていた。「武士道の影響」を論じた第十五章では、武士道の精神が庶民にまで普及し、民衆の権利を主張するリーダーたちの「男伊達」——百姓一揆の指導者などが念頭にあるのだろう——をも生み出したと指摘する。そしてそれが、すべての人民の道徳の標準となり、「大和魂」の内実をなしたと論じた。同じ箇所で **Volksgeist**（民族精神）というドイツ語を用いてこれを表現してもいる。

この第十五章で新渡戸は、本居宣長が愛誦した自作の和歌「しきしまのやまとごころを人とはば朝日ににほふ山さくらはな」を紹介しているが、第十版の日本版ではこの歌が表紙に赤いインクで印刷されている。そして、第十六章「武士道はまだ生きているか」で日清戦争での戦勝にふれ、武士道による影響が明治の日本社会にも根強く広がっていたがゆえに、世界にも珍しい忠君愛国（loyal and patriotic）の「国民」（nation）が生まれているという理解を示した。

近代日本で「国民」のモラルを支えている「忠君愛国の徳」。西洋文化の輸入をへたあとも、中世・近世から伝わった武士道が人々の精神を支えているからこそ、その「徳」が確立したと新渡戸は論じた。まさしく近代のナショナリズムとして表われた「大和魂」の由来を、外国人にむけて説明することを目的とした本なのであった。この本の日本語訳は、最初に出た桜井鷗村（彦一郎）訳『武士道』（丁未出版社、一九〇八年）――この巻頭にも「上英文武士道論書」が再録されている――以来、題名からサブタイトルを除いて刊行する習慣になっているが、本来の趣旨からすれば『大和魂としての武士道』とでも題するのがふさわしいのだろう。

宇野田尚哉「武士道論の成立」（『江戸の思想』七号、ぺりかん社、一九九七年）、笠谷和比古『武士道――侍社会の文化と倫理』（NTT出版、二〇一四年）といった研究が示すように、一九〇〇年の前後、日本の「国民」のモラルを支えるものとして「武士道」を礼賛する書物は、新渡戸の著書にかぎらず大量に登場している。帝国憲法の制定（一八八九年）などによって日本が西洋流の近代国家としての制度を整え、初めての本格的な対外戦争である日清戦争を通じて、その軍事力の高さも示すことができた。そうした自信を背景に、日本国民の愛国心・忠誠心・勇気の根柢にあるものとして「武士道」をとりあげ、論じるのが流行していたのである。

たとえば、一八九八（明治三十一）年に『武士道』という雑誌（全四号）が大日本武術講習会から刊行されている。一九〇二（明治三十五）年には、旧幕臣で明治天皇に侍従として仕えた山岡鉄舟の遺した談話が、安部正人編『武士道』として書籍化された。また、東京帝国大学教授で国民道徳論の主唱者であった哲学者、井上哲次郎が『武士道』（一九〇一年）を著わすとともに、日露戦争ののち、「武士道」の重要な古典を集めた『武士道叢書』全三巻（一九〇六〜一九〇九年）を有馬祐政と共編で刊行している。こうした一種の武士道ブームのなかで、新渡戸の『武士道』もまた世に出た。

そうした時代背景を念頭に入れてこの本の内容を見なおすと、新渡戸が、日本の伝統的な民族精神であるとともに、西洋人にも共感可能な普遍性を備えたモラルとして、「武士道」を説明しようとする姿勢が目につく。たとえば第一章「道徳体系（ethical system）としての武士道」でまずとりあげるのは、武士たちの「戦場におけるフェアプレイ」であった。そして、そうした行動基準を共有し、おたがいにそれを尊重することを名誉の源泉とすることで、ヨーロッパ中世の騎士道（chivalry）と共通していると説いたのである。

さらに新渡戸が、「武士道」において重んじられている徳として最初に挙げるのは、勇気や主君に対する忠ではなく、「義」（rectitude or justice　第三章）であった。詐術や虚偽を用いて相手を倒そうとするのでなく、また習慣的な人間関係に縛られずに、正義の原理（Right Reason）に従いながら行動すること。また第十二章では切腹の問題をとりあげる。西洋人の目からみれば、「ハラキリ」は馬鹿げた奇怪な習慣と感じられるかもしれない。だが、西洋でもソクラテスやキリスト教の殉教者に見られるように、名誉を守るため死を選んだ人々の勇気をたたえる例はあり、その点で人類全体が道徳に関して一致していると新渡戸は論じた。

新渡戸も指摘するように、日本の武士が口にする「義」はしばしば身近な人間関係のしがらみとしての「義理」に転化する。また切腹も、たとえば自分に原因があるわけでない不祥事の責任をとらされたような場合を考えれば、自己の名誉を守る行為と賞賛してすませていいのか疑わしい。新渡戸自身もそうした問題は自覚していたと思われるが、あえて普遍化可能な側面を外国の人々に提示して、日本人の伝統には、西洋に学びながら近代化を達成するための基礎が、古くから備わっていたと説いたのであろう。三十数年後に、ムスリムのアラブ人青年がこれを読んで、イスラーム教の倫理とも共通すると感じたのも、やはりみずからの伝統のなかに西洋文化と共通するものを見いだしたいと切望していて、その重要な参考材料になると思ったからではないだろうか。

2　武士の原像とその多様性

そもそも「武士道」という言葉自体、中世・近世の史料にはそれほど多く見かけるものではない。むしろ明治三十年代に始まった「武士道」ブームによって日本社会に定着した表現とすら言えるだろう。中世においては「兵の道《つわもの》」という言い方が『今昔物語集』などに見えるが、佐伯真一『戦場の精神史――武士道という幻影』（ＮＨＫブックス、二〇〇四年）によれば、それはあくまでも武藝や武勇など、武士としての技能を指す言葉である。武士に特有のモラルの体系を自覚して、それに名前をつけたのではなかった。

また中世の武士たちは、必ずしもフェアプレイのルールに則って戦闘していたわけではない。佐伯は軍記物語の記述を検討したうえで、そう指摘している。たしかに、合戦を始める前に軍使を交換して、戦いを始める時間と場所を決めておく慣行はあった。だがそれも必ず守られたというわけではなく、突然に夜討ちをかけるような戦法も採られたことが、記録に残っている。相手方の旗を立ててその軍勢に近づき、襲いかかるだまし討ちや、虚偽・謀計によって勝利を得るエピソードが、『平家物語』にはあふれているという。武士たちが名誉を重んじ、そのために命を惜しまなかったのはたしかだが、名誉の源泉はあくまでも戦いに勝つことであり、戦いの手法がルールに則っているかどうか、正々堂々としているかどうかは、二の次だったのである。

むしろ、中世の武士たちが怖れたのは、裏切り者や臆病者と見なされ、軽蔑されることだったと佐伯は指摘する。たとえば『平家物語』巻第九「木曾《きそ》最期」で、源義経に敗れた木曾義仲が逃げてゆくうちに、敵の大軍勢に取り囲まれて、ついに自身と乳母子《めのとご》である家来の今井四郎兼平との二騎のみになってしまった場面。弱気になった義仲は、二人で一緒に敵方へ突入して討ち死にしようと語りかけるが、兼平は馬から下り、義仲のところへ駆けよって、泣きながらこう訴える。

弓矢取りは、年頃日頃如何なる高名候《かうみやう》へども、最後に不覚しぬれば、永き瑕《きず》にて候《さふらふ》なり。御身も疲れさせ給ひ候ひぬ。御馬も弱って候。云ふ甲斐なき人の郎等《らうどう》に組み落されて、討たれさせ給ひ候ひなば、さしも日本国に鬼神《おにがみ》と聞えさせ給ひつる木曾殿をば、某《なにがし》が郎等の手に懸けて、討ち奉ったりなんぞ申されん事、口惜《くちを》しかるべし。（高橋貞一校注『平家物語』下巻、講談社文庫、一九七二年、一三二頁）

（弓矢をなりわいとする武士は、ふだんはどんなに評判の高い名士でも、死ぬまぎわで不覚をとってしまえば、その名誉はいっぺんに失なわれます。殿はすでにお疲れでしょうし、お馬も弱っております。とるに足りないような地位の武士の配下の者に襲われ、討ち取られてしまいましたなら、「あれほど日本全体に名前がとどろき、鬼神のように畏れられた木曾殿を、某々〈私〉の家臣が捕え、討ち取ったのだ」などと申し上げるでしょう。それはまったく無念なことです。）

そうして兼平は義仲を逃れさせ、一人で敵の軍勢へと向かってゆく。ここで重要なのは、これまで華やかな戦果を挙げ、高い地位についた大将でも、いったん不覚をとって敗北してしまえば、たちまちその名誉が失われるという意識である。そして兼平は、自分ではなく主君の名誉を守るため、みずからの命を犠牲にしようとする。実際にこの直後、義仲が討ち取られてしまったのを見た兼平は、戦闘の途中であったが、「今は誰《たれ》をかかばはんとて、軍《いくさ》をばすべき」と、ただちに自害するのである。

命の危険も顧みずに強さを誇り、味方を決して裏切らないこと。とりわけ主君のためには身を捨てて尽くすこと。これはむしろ、ヤクザの行動原理に似ると佐伯は指摘して、先行研究として、民俗学者、折口信夫の論文「ごろつきの話」（一九二八年初出、『古代研究』民俗学篇に再録）を紹介している。

折口によれば、中世日本には「ごろつき」あるいは「山伏し」「野伏し」と言われるような放浪民の集団がいた。彼らは団体を組みながら各地を放浪し、宗教信仰と舞や歌といった藝能を広める担い手であるとともに、地方の大名に仕え、その武力を支える存在ともなった。これが武士となったと折口は考える。したがって国の統一秩序が崩れ、大名どうしが争う戦国時代は「ごろつき」のもっとも跳梁した時代であった。その「美的な乱暴」の気風から歌舞伎芝居も生まれたのである。

しかし、近世になって秩序が固定化し、武士たちが大名の家中に組織されるようになると、禅僧や儒者によって「謀叛・反抗をしてはならぬ」というモラルが教えこまれ、武士の気風は変わってしまったと折口は説く。その説によれば「今日、一般が考へてゐるところの、所謂武士道なるもの」は、近世になってから作られた儒学的な官僚道徳としての「士道」にすぎない。それ以前にあった武士の道徳は、現代人にはとても理解できないような「変幻極まりなきもの、不安にして、美しく、きらびやかなるものを愛するもの」であった。それは主君として仕える大名との関係においても、「気分本位で、意気に感ずれば、容易に、味方にもなつたが、また直《ただち》に、敵ともなつた」という気風である。「意気」を基準に主従関係を選ぶというあり方が『平家物語』とは異なるが、まさしく戦国時代の武士たちのモラルの一面をふまえたものだろう。

折口は、地方の「豪族」の家々に「ごろつき」が入ってその「臣下」になったとも表現しているので、武士の起源が「ごろつき」にのみ求められると説いたわけではないだろう。しかし、歴史学者が普通に考える、京都での地位の低い公家が地方に土着し、その階層に地方の豪農も加わったというような武士の起源とは、異なる集団も大量に流れ込んでいた。その可能性を折口は示唆している。そしてそれは、明治三十年代になって「武士道」として概念化されたものとは異なる、中世・戦国時代の武士の精神のあり方を指し示すものにもなっているように思われる。

3　よみがえる『葉隠』

折口信夫が指摘するように、中世と近世とで、武士の生活は大きく異なっている。だがそれは禅僧や儒者の教えが浸透したせいではない。それ以前の問題として、武士の社会におけるあり方が大きく転換し、その上で統治者として徳を磨く必要を説く、儒学の思想が武士のあいだでしだいに共有されるようになったと考えるのが適切だろう。

かつて中世史家、石井進が『中世武士団』（一九七四年初刊、のち講談社学術文庫、二〇一一年）で明快に説明したところであるが、中世の武士たちがアイデンティティの基盤としていたのは、先祖伝来の土地を支配し、その支配権を基盤にして、従者たちをも含む広い意味でのイエを統率していることであった。そのイエの内部に対しては、その主人が御家人として仕えている鎌倉殿（将軍）も介入できないほどに、強固な独立性が認められていたのである。したがって、武士のイエどうしの紛争が起きた場合、その解決は当事者どうしの実力闘争（自力救済）に委ねられ、鎌倉殿による裁判や調停は二の次の存在だった。

しかし、戦国時代から大名による武士の組織化・規律化が進んでゆく。武士はしばしば城下町に集められ、主君のお膝元で生活するようになり、喧嘩両成敗の法が自力救済をきびしく禁止した。やがて徳川氏による統一権力（公儀）が成立すると、公儀や大名家に仕える武士たちは、知行地を与えられていてもそこには住まず、城下町に住んで知行地からの年貢米を俸禄として受け取る存在になる。さらに中・下級の武士たちは知行地も与えられず、主君の米蔵から米（蔵米）を支給されて生活した。

こうした武士たちの生活ぶりを批判したたとえとして、「鉢植武士」という言葉が、藤田東湖が水戸藩主に上程した「土着の議」（天保八・一八三七年）には見える。土地から切り離され、場合によっては主君の意によって、その地位を異動させられてしまう、近世の武士の姿をよく言い表わした言葉にほかならない。しかも、家格の序列は固定化され、イエの世襲を通じて行政職に就き、大名家や公儀のなかでの出世をめざす過程が武士の人生行路となる。こうして一種の官僚化・サラリーマン化が進むのである。

しかし主君のために忠誠を尽くして戦うことを、みずからの名誉の源泉としていた武士の精神は、時代が変わり安定した秩序のなかで、どのようなモラルによりどころを求めるのか。その極限の姿を示すのが、山本常朝《つねとも》（万治二・一六五九年〜享保四・一七一九年）による『葉隠』である。佐賀藩の藩主に仕え、藩主の死とともに出家し引退した常朝が晩年になって、佐賀藩の鍋島家を担うのちの世代の武士たちにむけ、さまざまな教訓を語った。その聞き書きを記した書物である。その冒頭近くには、以下のような有名な一節がある。

　武士道と云《いう》は、死ぬ事と見付《みつけ》たり。二つ〳〵の場にて、早く死方《しぬかた》に片付《かたづく》ばかり也。別に子細なし。胸すわつて進む也。図《ず》に当らず、犬死などいふ事は、上方風《かみがたふう》の打上《うちあがり》たる武道なるべし。二つ〳〵の場にて、図に当るやうにする事は不レ及《およばざる》事也。我人《われひと》、生《いく》る方がすき也。多分すきの方《かた》に理が付《つく》べし。若《もし》図に迦《はず》れて生《いき》たらば、腰ぬけ也。此境《このさかい》危《あやう》き也。図に迦れて死《しに》たらば、気違にて恥には不成《ならず》。是が武道の丈夫也。毎朝毎夕、改めては死々《しにしに》、常住死身に成《なり》て居る時は、武道に自由を得、一生落度《おちど》なく家職を仕課《しおお》すべき也。

（相良亨ほか校注『日本思想大系26――三河物語　葉隠』岩波書店、一九七四年、二二〇頁）

（死の覚悟、これが武士の生き方の要点である。生きるか死ぬかのぎりぎりの選択を迫られたとき、［命を捨てても主君に尽くそうとして］あえて死ぬ方を選ぶのである。そのほかにあれこれと計算をめぐらす必要はない。覚悟を決め、胸を張って死地へ突き進むのである。「あいつは計算がはずれたために犬死にしてしまった」とあとで評して戒めとするのは、きざな都会風の武士の生き方にすぎない。生きるか死ぬかのぎりぎりの場で、計算づくで行動しようとするのは、程度の低いふるまいである。誰でも放っておけば生きる方を好んでしまう。おそらくその好みにあわせて理屈を立て、生き残ろうと計算してしまうだろう。もしその計算がはずれて敗れ、生き残ったならば、腰抜けと笑われることになる。つい計算しようとする、その瞬間が危ういのである。むしろ［仮に計算していたとしても］計算がはずれた結果、死んでしまう方が、突飛な行動に走ったと思われるだけで、恥にはならないから望ましいと考える。これが、しっかりした武士の生き方である。毎朝、毎夕、常に死の覚悟を再確認し、いつも命をかける覚悟を固めて事に臨んでいるなら、武士の生き方を思うままに全うできるようになり、一生のあいだ、失敗せずに家職を務めあげることができるはずである。）

「死ぬ事と見付たり」という文句は有名であるが、この一節全体の趣旨には謎めいたところがある。死ぬことが武士の本質だと言っても、自殺マニアとなることを推奨しているわけではない。常朝が若い人々に奨めているのは、合理的な考慮（「図に当」たる、「理が付」く）を捨て、ひたすら主君のために身命を捧げる態度である。みずからの一つ一つの行動について、あたかも命をかけるようなつもりで、主君の命令に従い、主君のためになるように努めること。

別の箇所には、「忠の不忠の、義の不義の、当介《あてがい》の不当介など、理非邪正の当《あた》りに心の付《つく》がいや也。無理無体に奉公に好き、無二無三に主人を大切におもへば、夫《それ》にて澄《すむ》こと也」という文句も見える。そもそもこれが忠になるのかならないのかといった考慮を加えること自体がすでに不純である。とにかくひたすら「無二無三」に主人のためを思っていれば、それでいいのだ。——主君その人に対するこうした強烈な忠誠心は、ほとんど恋愛感情に近い。

だが、この一節の最後は「一生落度なく家職を仕課すべき也」と締めくくられている。命を捨てる覚悟で主君に仕えると言っても、すでに太平の世では、戦場で討ち死にする機会がない。また主君のあとを追って殉死することも、公儀によって禁じられている。結局のところ、大名家の組織のなかで家職としての行政官の仕事を「落度なく」務めあげることに、話は行き着いている。この末尾に注目して、きびしい死の覚悟は見せかけにすぎず、結局のところ、恥をかかずに仕事をこなす処世術を常朝は説いたのにすぎないと指摘する研究者もいる（山本博文『葉隠』の武士道——誤解された「死狂ひ」の思想』ＰＨＰ新書、二〇〇一年）。

おそらく常朝が示したかったのは、大名の家中で命じられる仕事が、たとえ些細な業務であっても、その一つ一つを主君からの命令として、真剣に務めあげる精神だったのだろう。武士にとっては、それほどに自分の感情を高めないかぎり、役人としての仕事に本気でとりくむことがむずかしい。死生にかかわる戦いに身を捧げる、武士の伝統的なアイデンティティと、平時における行政を分担する「家職」とのあいだに、常朝は折り合いをつけようと試みた。こうした『葉隠』の屈折した性格が、もはや武士のいない近代においても、武士道書として人々に魅力を放つことにつながったと思われる。

ただし、『葉隠』が武士道書として日本全国で注目されるようになるまでには、かなりの年数を要した。この書物は佐賀藩の武士たちのあいだで写本を通じて読まれただけで、先にふれた十九世紀末の武士道ブームにさいしても注目されることはなく、『武士道叢書』にも収録されていない。一九〇六（明治三十九）年には、抄録本として中村郁一編『鍋島論語葉隠』が新渡戸稲造の序文をつけて佐賀で刊行され、十年後には東京で同じ中村の編による『鍋島論語葉隠全集』が「葉隠記念出版会」から発行されているが、注目を広く集めるには至らなかったと思われる。

『葉隠』が「武士道」の代表的な古典として注目されるようになったのは、一九三〇年代になってからのことである。栗原荒野《あらの》編『分類註釈・葉隠の神髄』（佐賀・郷土佐賀社内、葉隠精神普及会、一九三五年）の「解説」によれば、満洲事変・上海事変にさいして、何人もの佐賀出身の陸軍軍人が、勇敢に戦死したことを讃えられた。満洲事変での古賀伝太郎大佐、上海事変での「爆弾三勇士」の一人である江下武二工兵伍長、同じく上海事変で死亡した空閑《くが》昇少佐といった顔ぶれである。そこで佐賀に伝わる「葉隠精神」が注目を浴び、注釈・研究が盛んに行なわれるようになったという。

ただし、同じ本の第八版（一九三六年十一月）には、「第八版発行に当りて」という付記が追加されている。そこで栗原は、その年に「空前の某重大事件」が起こったため、『葉隠』と佐賀人に対する「誤解や曲解を招いた傾きがあるのは、遺憾千万である」と記して、こののち第十版まで印刷して絶版にする旨を記している。この本はやはり佐賀出身の陸軍大将、真崎甚三郎による揮毫を巻頭の口絵写真の一つに掲げており、真崎は二・二六事件における叛乱将校たちとの関係を取りざたされていた。また叛乱の首謀者で死刑に処された青年将校十六名のうち、四人が佐賀出身者である。事件と『葉隠』とのあいだに関連があると思われるのを避けたかったのなら、そもそも第八版を増刷することもなかっただろうから、刊行の意図は不審であるが、いずれにせよ山本常朝の言葉が含んでいる不穏な空気がもたらした措置であるように思える。

しかし二・二六事件ののちも、『葉隠』の注釈書は刊行され続けた。その代表が、一九四〇(昭和十五)年から翌年にかけて刊行された、和辻哲郎・古川哲史の校訂による『葉隠』上中下巻(岩波文庫)である。

当時、和辻は東京帝国大学文学部倫理学科教授。古川は同じ倫理学科を卒業したのち、上巻の刊行時には国際文化振興会に勤務していたが、やがて倫理学科の副手、助手に就任し、戦後には和辻の後任として日本倫理思想史講座の助教授、教授となる。その上巻巻頭に収められた古川による「はしがき」には、次のような一節があった。この岩波文庫版は戦後にしばらく品切となり、一九六五(昭和四十)年に復刊されたのち、現在まで版を重ねているが、「はしがき」のこの箇所は戦後版では別の文言にさしかえられている。

わたくしはこの書が同胞に一人でも多くの読者を見出さんことを願はざるを得なかつた。この願ひは、昭和十三年日支事変に召集され間もなくそれが解除された前後から、急激にたかまつた。〔中略〕我々の同胞は戎衣《じゅうい》のポケットに秘めるに足る書物を有するか、もし有するならそれは如何なる書物か、といふ問題に面しなければならなかつた。その時いちばん最初にわたくしの想念に浮び出たのは、ほかならぬこの『葉隠』であつた。（『葉隠』上巻、岩波文庫旧版、一九四〇年、一一頁）

第一次世界大戦に従軍したドイツの学生たちは、「塹壕の中や砲塔の影で」ハインリッヒ・クライストやフリードリヒ・ニーチェの古典を読み、ドイツが生んだ「大思想家・大創作家」の言葉にふれ、祖国への忠誠心を高めていた。それに相当する、もしくはそれを超えるような「神々しい犠牲の精神」「壮絶な諦観と決意」を述べた書物として、『葉隠』の文庫版は戦場へ携帯するのにふさわしいというのである。支那事変・大東亜戦争の時代においては、戦時における国家・天皇への絶対忠誠を支える本として、『葉隠』は読まれた。そのことがこの本を、「武士道」の古典の代表へと押しあげたのである。

4 「士道」とエートス

古川とともに『葉隠』の校訂を行ない、岩波文庫への収録を提案した和辻哲郎は、この古典についてどう語っていたか。校訂作業と並行して執筆に取り組んでいたと思われる倫理思想史の論文「献身の道徳とその伝統」（『岩波講座　倫理学』第三冊、岩波書店、一九四〇年、所収）の末尾に、先に引いた「図に当らず、犬死などいふ事は、上方風の打上たる武道なるべし」という文句に関する分析が見える。いっさいの考慮を捨てた「主君への献身」それ自体を貴いとする、平安・鎌倉時代以来の武士の道徳が、徳川時代においても「一般武士」のあいだには存続していた。その証拠として『葉隠』を位置づけている。

しかし和辻は、時代をこえて賞賛すべき価値のある言説として、『葉隠』の「武士道と云は、死ぬ事と見付たり」という思想をとりあげたわけではない。この論文の最後に和辻が強調しているのは、徳川時代、武士が公儀と大名家によって組織化された結果、「主従関係についての考へ方は変らざるを得なかつた」という現実である。

戦国時代までの武士たちのように、「密接な情誼」によって主従が結ばれているという感情は、「全国的な組織」においては普及しえない。そこで、山鹿《やまが》素行や荻生徂徠、太宰春臺《しゅんだい》といった儒者たちは、主従関係そのものが貴いのではなく、主君への忠を通じて正しい政治を行なうことが大事だと説いた。そうした士大夫の道徳としての「士道」へと、「武士の道」は変わっていった。

これに対して『葉隠』は、「一般武士」のあいだに残った旧時代のモラルの残存物にすぎない。続いて和辻が発表した論文「武士道」（『岩波講座　倫理学』第十二冊、一九四一年、所収。『和辻哲郎全集』第二十三巻、岩波書店、一九九一年に再録）は、このような徳川時代の「士道」論の系譜を中江藤樹、山鹿素行、熊澤蕃山、貝原益軒、大道寺友山《ゆうざん》とたどり、『葉隠』がそれを批判したことにもふれる。そして末尾はこう結ばれている。「江戸時代の武士道として幕末に吉田松陰の如き志士に代表され次いで明治時代に受けつがれて来たものは、『葉隠』の武士道ではなくして明らかに士道としての武士道なのである」。

「武士道」は日本古来の「国民道徳」や「日本精神」の中核に存続しているものであり、それが天皇を戴く忠君愛国の精神として発揮されたのが明治維新にほかならない。そう説くのが、明治末期の武士道ブーム以来、国民道徳論や昭和初期の「日本精神」論の常套論法であった。やはり「武士道」を引き合いに出しながら天皇への絶対忠誠が賛美された支那事変下の状況で、和辻はあえてそうした「武士道」理解に異を唱える。幕末の志士や明治国家の官僚・政治家たちを支えたのは武士の絶対忠誠のモラルではなく、統治において「道」を実現しようとする、儒学由来の「士道」であったと説明したのである。

そもそも武士に見られる主君個人に対する絶対忠誠の感情と、近代の国民国家における愛国心とは、質の異なるものである以上、「武士道」によってナショナリズムを基礎づけるのは誤っている。それは和辻が大正時代の論説「思想の対峙」（『時事新報』一九一八年一月十六日初出、『和辻哲郎全集』第二十二巻に再録）以来、公表し続けてきた見解であった。しかも、もし仮に武士の忠誠心が近代日本国家のナショナリズムに継承されたとしても、それはあくまでも正しい道理を政治において実現するための「士道」であり、『葉隠』に見えるような絶対忠誠とは異なる。国民に有無を言わせず献身を要求するような戦時動員のイデオロギーに対し、和辻は独自の「武士道」論を通じて批判を試みたのである。

したがって、戦後の『日本倫理思想史』第五篇第五章に論文「武士道」の内容を再編集して収めたさい、和辻はやはり「無理無体に奉公に好き、無二無三に主人を大切におもへば」という山本常朝の言葉をとりあげる。そこでの和辻の評価は、「士道」はあくまでも「知識層」にしか受容されず、「広汎な層に沁み込んでゐる献身の道徳の伝統を打破し去ることはできなかつた」と見なし、一般の武士のあいだではやはり『葉隠』の説くような「献身」が共感を呼んだというものであった。だが、常朝の言葉の引用に続いて「これは日本人の性格の一面（むしろ弱点）をかなりよく反映した言葉と思はれるが」という評言をつけ加える。昭和の戦争において、こうした「理屈嫌ひ」の忠誠感情が暴走した結果として、無謀な戦争遂行と国内における抑圧体制が生み出された。そんな憤懣がこめられているようでもある。

ただし、「献身の道徳とその伝統」という論文の表題からもわかるように、武士の主君への忠誠に見られる「献身」の姿勢そのものについては、和辻は日本思想の伝統における重要な要素として高く評価している。それは「利己主義の克服、無我の実現」であり、主君と家人《けにん》とがおたがいに「犠牲的態度」によって結びあう「緊密なる存在の共同」を作り出すものであった。そしてこうした「武者の習」から、鎌倉時代に法然、親鸞、栄西、道元、日蓮が説いた「慈悲の道徳」も生まれたと位置づける。和辻は、主君の側も家人のために尽くすという性格に注目し、共同体の紐帯のうちに武士の忠誠感情を埋め込んで理解した。しかしそれだけでは武士団や大名家の家中を共同体として維持する姿勢にとどまり、武士が統治者として社会に正義を実現するのには足りないと考えたのだろう。

これと対比して興味ぶかいのは、丸山眞男が戦後に『葉隠』に関して述べた評価である。丸山は思想史研究の論文「忠誠と反逆」（一九六〇年）で武士における忠誠の「エートス」を論じ、その中で『葉隠』についても触れていた。「武士のエートス」に関する詳しい議論は、さらに一九六五（昭和四十）年度の「東洋政治思想史」講義の第二章「武士のエートスとその展開」において述べられているが、題材として用いる史料は和辻とかなり共通しており、和辻の「武士道」論に対する批判的注釈のようなものになっている（『丸山眞男講義録』第五冊、東京大学出版会、一九九九年)。

そこで丸山が『葉隠』について強調するのは、その思想がもつ鋭い両義性である。丸山は「戦時中、その「死」の賛美と狂熱的な忠誠がもてはやされ、〔戦後は〕反動書の筆頭となったが、メダルの反面は必ずしも理解されていない」(二二九頁)とする。それが「偏狭な排他性」を持っていることについては、和辻による指摘と同様に、丸山も批判の態度をとる。しかし同時に、「それが全人格的なコミットメントをラディカルに押しつめたがゆえに、通常の身分的忠誠倫理の次元から飛躍して、ほとんど宗教的次元にまで飛躍した思想が展開される」とした。すなわちそれは、個人が主君への忠という強烈な「コミットメント」によって自我を支えることを通じて、「個人的主体性」を確立し、積極的な行動に打って出る「エートス」へとつながるものだったのである。

武士が統治者として「道」の実現に努めるという和辻の「士道」は、もの静かな全体の運営者という人間像に近い。これに対して丸山が『葉隠』のうちに見出したのは、一人一人の個人が「コミットメント」の追求を通じて他者とかかわってゆく、ダイナミックな行動者の姿である。いわば、前近代の身分制秩序の内に生きた武士の倫理から、現代のデモクラシーを生きるための政治的な主体性につながるものを、丸山は読み取ろうと試みたのであった。

四章　戦国時代の「天」とキリシタン

1　「南蛮文学」の時代

木下杢太郎《もくたろう》（本名は太田正雄。一八八五・明治十八年〜一九四五・昭和二十年）は、皮膚科の医学者として国際的な名声を得ながら、詩人・小説家・画家として多方面に活躍した、大正・昭和の大知識人である。東京帝国大学医科大学の学生であったころから詩や戯曲を発表しはじめ、自然主義文学に対抗する耽美的な作風のグループの若手として頭角を現わした。

文壇内で同じ流派に属する森鷗外、與謝野鉄幹・晶子夫妻らが主宰した雑誌『スバル』の第二号（一九〇九年二月）に、当時は大学二年生だった木下が、戯曲の処女作「南蛮寺門前」を発表している。舞台は永禄末年（十六世紀後半）の秋の日の夕方、当時の日本で布教活動を進めていたイエズス会修道士が京都市中に建立した「南蛮寺」、すなわち教会堂の前である。

「南蛮寺」の、閉ざされた門の奥からは、「異教の祭典」の音楽と合唱が聞こえてきて、その前を通りがかったさまざまな人々を驚かせ、興味をひいてゆく。その群衆のなかに、油売りに変装して、教会のイルマン（助修士）の喜三郎がまぎれこんでいた。喜三郎は門のすきまからのぞきこんで、中のようすについて叫び、「大神でいゆす」と「聖《さんた》まりや」に対する信仰へと人々を引き込もうとする。

はれ、見られい。や、何とまあ美しい絵ぢや。唐、天竺は愚か、羅馬《ろおま》、以諳利亜《いげりや》「＝イベリア？」にも見られぬ図ぢや。桜に善《よ》う似た麗しい花の樹《こ》の間に、はれ白象が並んでおじやるわ。若い女子《をなご》等が青い瓶から甘露を酌んでおじやるわ。赤い坊様《ぼんさま》ぢや。噴泉《ふきあげ》からさらさらと黄金《こがね》が流るる。真昼のやうに日が照るわ。はれ、見られい、見られい。翼《はね》の生えた可愛い稚子《おさなご》が舞ひながらおじやつたわ。はれ、皆が一斉に祈《いのり》を上げておじやるわ。（『木下杢太郎全集』第三巻、岩波書店、一九八一年、所収）

「白象」とは、象を描いた南蛮屏風が祭壇の近くに飾ってあるという設定だろうか。「赤い坊様」は、神父の着る赤い祭服を指しているのだろう。喜三郎が叫ぶ、色彩に満ちたカトリックの儀式のようすは、夕方の薄闇のなかで黒々と閉ざされている門の外見とはまったく反対である。そのエキゾティックな魅力は、若い医学生が三百年前のキリシタン文化にふれた感動が生んだ、想像力の産物なのだった。

のち、戯曲集『南蛮寺門前』（一九一四年）にこの作品を収めたさいに付した「跋」（『木下杢太郎全集』第二十三巻、岩波書店、一九八三年、所収）などの文章で、木下は執筆の経緯を回想している。戯曲を発表した前年の夏、木下は與謝野鉄幹、北原白秋、吉井勇といった、詩歌雑誌『明星』を主宰する新詩社の同人とともに、九州の平戸・島原・長崎を遊覧した。そこで島原城の遺蹟をたずね、天草の村の教会でさまざまな十字架を見たときから、「徳川初期の船来文明の悲劇的精神」を頭に注ぎこまれる思いがしたという。

木下はこの旅行の準備のために、出発の前に東京帝国大学図書館や帝国図書館（上野図書館）で、キリシタンに関する古書を読破していた。陽光のもとで遺蹟をたずね、平戸で和蘭陀《オランダ》塀、和蘭陀井戸を目にしたとき、モノクロームの本から思い描いた世界が、一挙に極彩色になって迫ってきたように感じたのだろう。木下の「南蛮寺門前」が発表された翌月の三月、北原白秋の詩集『邪宗門』が刊行され、その一部にやはり南蛮趣味の作品が収められている。岡本綺堂の戯曲「細川忠興の妻」（一九一二年）、芥川龍之介の小説「奉教人の死」（一九一八年）といった作品群に続く、「南蛮文学」の小ブームのはじまりである（作品のリストは平井照敏「近代南蛮文学の出発──木下杢太郎の位置」、『青山学院女子短期大学総合文化研究所年報』一巻、一九九三年による)。

なぜ彼らは、三百年前の日本に存在した「南蛮」の文化に憧れたのか。白秋、吉井、木下は、長崎旅行と同じ一九〇八(明治四十一)年の末に、作家・詩人・アーティストの一種のサロンとして、「パンの会」という集まりを始めている。そこには谷崎潤一郎や小山内薫といった作家、藝術家も加わり、文章藝術に関しては自然主義文学に対抗する耽美派・ロマン派の拠点ともなっていた。おもに隅田川ぞいの西洋料理店を会場として、宴席を張ったという。「パン」はギリシア神話の神、パーンからとった名称である。笛を吹き、ディオニュソスの宴会で活躍した神ということで、藝術家の宴にふさわしいシンボルとして選ばれたのだろう。この命名に表われているように、多くの参加者が共有していたのは、西洋文化への憧れである。ドイツ人の参加者が一人いたのと、永井荷風、高村光太郎といった欧米からの帰国者を除けば、大半の人々は洋行経験をもっていない。ちなみにこの時代であるから、全員が男性である。

しかし他面で、白秋、木下、吉井といった中心メンバーは、最初から近代の学校教育を受け、旧制高校・大学での教育や出版物を通じて、ヨーロッパの思想・藝術についてはそれ以前の世代よりも大量に知識を吸収しながら育っている。彼らが理想として憧れるのは、もはや伝統的な漢学や和歌の世界ではなく、ヨーロッパであり、藝術の都としてのパリであった。隅田川べりに会場を求めたのも、それをセーヌ川に見立てたからにほかならない。西洋料理店はそうした異国情緒を体験する場でもあった。

そして同時に彼ら若い世代にとっては、前近代の江戸の文化もまた、エキゾティックな魅力を放つものであった。谷崎や吉井のように、東京の下町で江戸の名残の空気を吸って育った作家を除いて、地方の出身者にとっては、文献を通して知る失なわれた江戸もまた、新鮮な異郷である。江戸の情緒を残す隅田川という場所は、その点で二重に美的な感興を誘う空間であった。おそらくこのような、失なわれた古い日本にエキゾティックな魅力を感じる感性と、西洋文化への憧れとが別の形で重なって生まれたのが、「南蛮文学」ブームだったと思われる。

遠い過去の日本には、西洋由来の美しい藝術が華ひらいた時代があった。そうした憧れが、白秋や木下を長崎・平戸へと誘ったのだろう。それがキリシタンの時代に対する注目を切り開いた。「南蛮寺門前」で強調されているのは、キリスト教の信仰そのものの意味よりも、教会堂の内部のきらびやかさと、そこで演じられる儀式や聖歌の神秘的な魅力である。

同じことは、やはり大正期に戦国時代の「南蛮」文化、キリシタンの書物や遺物についての研究論文・随筆を多く発表した国語学者、新村出《しんむらいずる》についても言える。その「南蛮」研究を始めたきっかけは、京都帝国大学助教授に着任し、一九〇六（明治三十九）年からドイツ、英国へ留学に出たことであった。オックスフォード大学のボドリアン図書館と、ロンドンの大英博物館図書室で、室町時代の日本語を知るための史料として、イエズス会が日本で印刷した出版物

「キリシタン版」の原本にふれた。そこから「南蛮」研究、キリシタン研究に熱中するようになり、帰国後に発表した文章を、『南蛮記』(一九一五年)、『南蛮更紗』(一九二四年)、『南蛮広記』正・続(一九二五年)といった書物にまとめている。

しかし木下も新村も、歴史研究、あるいは美的興味の対象としてキリシタンに強く惹かれながらも、みずからキリスト教の信仰へと入ることはなかった。それは、明治期における内村鑑三や海老名弾正といった旧世代のキリスト教知識人はもちろん、南原繁・岩下壮一・矢内原忠雄といった同年代の人々ともまったく異なる、キリスト教への接近の回路である。信仰とは切り離して、純粋な学問研究の材料、もしくは美的鑑賞の対象として、キリシタンの文化をとらえる。それが大正という新しい時代に行なわれた、「南蛮」文化の再発見の特質だったのである。

2 「天道」とキリシタン

木下杢太郎が九州を訪れ、新村出が在外研究中だった一九〇八年、歴史家、津田左右吉(一八七三・明治六年〜一九六一・昭和三十六年)は、ようやく安定した研究生活を始めていた。この年には新村よりも三歳上、木下からは十三歳上の数え三十六歳。南満洲鉄道株式会社(満鉄）の東京支社に置かれた満鮮地理歴史調査室員に採用され、それまで関東近辺の中学校教師の職を転々としていた生活に終止符を打ったのである。東京専門学校（現、早稲田大学）で教えを受けた東洋史学者、白鳥庫吉《くらきち》の推挙による採用であった。

満鮮地理歴史調査室で津田は、池内宏らと席を並べながら歴史学者としての修練を積み、『古事記』『日本書紀』に関する批判的研究である『神代史の新しい研究』（一九一三年）、日本思想史の通史の試みの第一弾『文学に現はれたる我が国民思想の研究　貴族文学の時代』（一九一六年）といった著作を続々と刊行する。そして一九一八（大正七）年には母校の早稲田大学に東洋哲学担当の教授として迎えられることになった。

津田による『文学に現はれたる我が国民思想の研究』の第二作は『武士文学の時代』（一九一七年）で、鎌倉時代から徳川時代の初期までを扱っている。その第三篇第六章「儒教仏教神道及び基督教の思想」では、戦国時代の思想の一つとして、やはりキリシタンにふれている。だが、その論じ方はある意味で木下や新村と共通するが、全体としては対極にある。

切支丹の世に弘まつたのは、恰も異国の仏教が初めて入つて来た遠い昔と同様、此の南蛮から来た新しい「仏法」が人々の好奇心を惹いたことから始まる。さうして異形な伴天連どもの説法や、珍しい欧洲文化の片光が彼等によつて示されたことや、又は多少の慈善的行為やが、其の流行の勢を助け、流行となれば、深い理由もなく新しいものを趁《お》うて走る俗衆がそれに追従したので、漸次盛んになつていつたのである。（津田左右吉『文学に現はれたる我が国民思想の研究』岩波文庫版第四冊、一九七七年、二七四頁）

津田によれば、当時の日本の人々はキリスト教の教義を理解し、心底からそれに帰依したわけではなかった。彼ら彼女らは、一神教の信仰も浄土真宗が説く阿弥陀如来と同じようなものと考え、単に「仏法」の新奇なものとして、それに一時的に熱中したにすぎない。もしそれが「堅い信仰」に支えられていたならば、のちに弾圧を受けたとしても「思想」としては世に残ったはずなのに、その痕跡が見られない。そこに津田は日本のキリシタンの信仰の浅薄さを見るのである。

こうした理解は、外来文化にエキゾティックな魅力を感じる気持ちを、十六世紀の日本のキリシタンに見いだす点で、木下や新村と共通している。それが、大正時代のクリスチャン以外の知識人がキリスト教にむける視線の特徴だとも言えるだろう。だが津田の場合は、過去のキリシタンの信仰そのものも、従来の神仏に対する崇拝と変わらないと説き、エキゾティックなものへの関心にまったく共感しない点できわだっている。洋行に縁のないまま、研究者としては下積みの生活を続けていたことによる屈折した心理も、そこに働いているかもしれない。

　津田のシニシズムは、戦国時代の武士の思想を説明するくだりにも、よく表われている。一般に武士の道徳を忠・孝で言い表わすときに指摘される、「主人に対する情誼」「祖先に対する崇敬心」を、戦国時代の武士たちも強く抱いていたことは、津田も認める。しかしそれは儒学のようなモラルが基礎にあるのではなく、俸禄のやりとりを通じて、「生きるためには是非とも食はなければならぬ」という「生命の根本」につながるものであった。そして戦国時代の武士たちの思想の基本にあったのは、奮闘によって敵を破り、みずからの領地を拡大しようとする「事功欲」にほかならない。こうして、武士たちが実力によってのしあがり、場合によっては主君を追放する下剋上すら容認する社会になっていたと津田は説く。

　しかし同時に、「此の実状は、人間の世の中としてはあまりに乱脈であり、あまりに心もちがよくない」。そこで、権力を追求するのは武士として当たり前としても、その方法に善悪があり、悪逆なふるまいを行なえばその応報が降り、やがて滅んでしまうという発想が生まれた。「天道《てんとう》」――発音がtentoであったことが、のちにふれる『日葡辞書』の記載からわかる――という語が軍記物や戦国大名の「制詞」・分国法に頻出することに津田は注目し、「権は天道におさる」などと、そうした罰を降す「天道」の働きが政治権力よりも上にあるという発想もまた、流布していたと指摘した。のちの時代にまで残る、「お天道様のバチがあたる」という言い回しの起源である。

ただし津田の理解では、「天道」の思想は実力闘争の世に対する不満が衝き動かした「漠然たる観念」にとどまっていた。それは大名の強大な実力に「天道」が味方をしてくれるという論法にもつながり、勝利の既成事実を正当化する方向に傾く。このように、「天道」が指し示す「政治道徳」と、勝てば官軍という「政治上の実際」とのあいだには矛盾が存在し続けたというのが津田の見立てである。「これを取り去ることは、専制政治・武断政治の世の中に於いては到底出来ない話であつて、それには真の国民政治を打ち建てる外に途は無い」。

津田がこれを執筆していたと思われる一九一六（大正五）年の十月には、庶民からの熱狂的な支持を誇った第二次大隈重信内閣から、陸軍軍人が首相を務める寺内正毅《まさたけ》内閣へと政権が代わっている。「国民政治」すなわちデモクラシーの芽を摘んでほしくないという願いが、戦国武士の思想における「政治道徳」の可能性に関する評価を低くさせ、「天道」の思想史的な存在感についても小さく見積もる結果をもたらしたのかもしれない。

しかしその後現在に至るまで、この時代に関する思想史研究は、「天道」の意義をより強調するようになっている。石田一良《いちろう》「近世文化の展開」（小葉田淳編『新日本史大系　第四巻　近世社会』朝倉書店、一九五二年、所収）、石毛忠「戦国・安土桃山時代の倫理思想――天道思想の展開」（日本思想史研究会編『日本における倫理思想の展開』吉川弘文館、一九六五年、所収）といった論文における見解を継承して、最近でも神田千里『戦国と宗教』（岩波新書、二〇一六年）において指摘がなされている。

「天道」の観念は、当時の「日月」に対する信仰と結びついていたと神田は指摘する。太陽と月が、一定の軌道――「天」の「道」――で途切れることなく天空を回っているのと同じように、人間世界のモラルをふみはずせば、いつかはまちがいなく「天道」からの怖ろしい罰が降るのだ。そう戒める発想が、戦国の世の中には流布していたのである。この言葉はイエズス会士によって編纂された『日葡辞書』（一六〇三年）にも採録されて、キリスト教の神（Deus）を日本語で言い表わすさいに用いられたこともあったと記されている。

この時代におけるキリスト教の一定の普及は、津田が指摘するように、超越神に対する理解を欠いたまま、新たな仏として歓迎するようなものだった。それは宣教師たちの証言もある以上、たしかなことと思われる。だが、人々があいつぐ戦乱によって運命の変転にさらされるなかで、現実を背後で動かしているものの存在を感じとるようになった。そうした意識が「天道」への素朴な畏怖を生みだし、一時的にせよキリスト教の普及をも支えていった。そう考えることは可能だろう。

3　和辻哲郎の秘められた神

木下杢太郎と和辻哲郎は、ともに「パンの会」に集った仲間であった。会が始まった一九〇八年の末には、木下は大学二年生で和辻は高校三年生。和辻の参加は東京帝国大学文科大学哲学科に進学したのちのことかもしれない。大学時代の和辻は、小山内薫や谷崎潤一郎とともに、第二次『新思潮』の同人として小説や戯曲を発表し、耽美派の文学運動のさなかにあった。谷崎と同じくオスカー・ワイルドなどの世紀末藝術に憧れ、木下や白秋らが示すエキゾティックな外来文化への嗜好も共有しており、「パンの会」のときから親しく交流が始まったと推測できる。

しかし和辻は、しだいに頽廃美の世界から離れ、理想的な人格主義の立場へとむかってゆく。大学を卒業する直前の一九一二（明治四十五）年五月八日に、当時婚約中であったのちの妻、高瀬照にあてた書簡で、大学構内で会った友人との会話をこう紹介している。その友人は劇作家、郡虎彦（萱野二十一《はたかず》）であった。

その間二人は essence of the world の話ばかりをしてゐた。昔の宗教の様な力を有《も》たねばならぬ芸術のために、日本の文学と芝居とを呪つた。［中略］私は、自由劇場の作者として、あの日以降、役者と一所に飲んだり、吉井小山内などゝいふ単純な放蕩児と一所に浮れ歩いたり、荒廃を極めた生活をしてゐたこの詩人からこの様な真面目な情調を摑み出したことが、何となく嬉しかつた。（『和辻哲郎全集』第二十五巻、岩波書店、一九九二年、二九頁）

「単純な放蕩児」と名指しされている小山内薫、吉井勇と、和辻は劇団「自由劇場」でかつて活動をともにしていた。彼らと一緒の「荒廃を極めた生活」から、すでに足を洗っていることを婚約者に改めて示しているような手紙である。だがこの会話は二人で大学キャンパスを出て銀座に向かい、「カフェライオン」や「カフェパウリスタ」――コーヒーが「素的に甘い」と和辻は記している――で飲み食いしながら交わしているので、まだ「放蕩」時代の気分を残しているようなところもある。そして翌日は大学病院で木下杢太郎と会い、本郷の喫茶店「青木堂」で話をしたことを、同じ手紙のなかに記している。

和辻がここで、「宗教の様な力」の感じられる美を模索する姿勢を示しているところが重要である。デカダンスの感覚とは対極にある、崇高な精神性をそなえた美の追求へと舵を切る。人格主義への転回はそうした意味をもっていた。

その姿勢は最初の著書である『ニイチェ研究』（一九一三年）で打ち出されることになるが、理想的な美のありさまが形をとって見いだされるようになるのは、その少しあと、一九一六

（大正五）年の十二月、妻の父である高瀬三郎の葬儀にさいしてのことである。藤沢の遊行寺（清浄光寺）で行なわれた葬儀に参加した和辻は、仏教の儀式が美しい仏像や仏画に飾られているることを発見して、古代日本の仏教美術へと惹かれてゆくのであった。そして見学旅行で奈良を訪れ、そこで受けた感銘を、翌年の四月十日、木下杢太郎にあてた書簡で詳しく語っている。

仏教には Heidentum+Christentum といつた風の面白さがあつて何とも云へない。それが日本人に反応した様子は全く Dionysisch だ。日本人の宗教を基督教的宗教と同じだと考へると大変に違ふ。（支那にだつてこの傾はあるのだから）谷崎のはそれだからツマらない。）僕は暮から春へかけてこの Dionysisch-religiös な血が自分の内にも渦巻いてゐた事を、ある事件のために（死に関したことで）経験した。（前掲書、八五頁）

谷崎潤一郎が初期の作品で描いたような、世紀末的なデカダンスとは異なる、清浄なものと結びついた美が、古代の仏教美術にはあるというのである。これが、『古寺巡礼』（一九一九年）、『日本古代文化』（一九二〇年）といった日本文化史の研究へと和辻がむかってゆく出発点にほかならない。

しかし他面で、これが、いわゆる「わび・さび」や禅に代表されるような、しばしば「日本的」とされる簡素な美への回帰を示すものではないことにも、注意しなくてはいけない。“Heidentum+Christentum”（異教でありながらキリスト教的）とか、“Dionysisch”すなわち古代ギリシアのディオニュソス信仰を連想させるといった表現を和辻は用いている。これは明らかに、フリードリヒ・ヴィルヘルム・ニーチェの『悲劇の誕生』（一八七二年）を念頭に置いた評価であるが、『ニイチェ研究』で和辻はこう述べていた。「ヂオニソス的藝術家は凡て感覚的なる者、思想的なる者を象徴として、その内に生命の充実を注ぎ入れ、生命を内より照らし、その象徴が生命の深みを反映する様に『物を変性せしめる』のである」（初版三一九頁）。その「生命の充実」は、「肉感的なる生殖」と「精神的なる生産」との両方を含む（同三三四頁）。

つまり、究極的にはエロティックなものとも通じるような、感覚を刺戟する美観を備えながら、しかしそれを超越した神秘的なものを感じさせる世界。それを和辻は古代の仏教藝術に見いだしたのである。遊行寺の本堂に安置されている本尊の阿弥陀如来坐像は、鎌倉時代に作られたもので、全体に金箔を施し、光り輝く豪華な仏像である。エキゾティックな色彩に飾られながら、その内奥に現実を超えた神秘を感じさせるもの。木下杢太郎が「南蛮」の文化に見いだした魅力も、これに近いものだったと思われる。谷崎の作品に漂う背徳の美学に賛同することはためらわれるが、しかし感覚を刺戟するような美にふれ、その奥に高貴な精神性を発見したい。藝術観としてそうした方向をとった彼らにとって、仏教美術や「南蛮」の文化は、かっこうの素材となっていた。

やがて和辻は、戦後の著作である『鎖国――日本の悲劇』（一九五〇年）や、『日本倫理思想史』（一九五二年）で、戦国時代におけるキリスト教の伝来についてとりあげている。全体としての評価に関しては、和辻もまた津田と同じく、キリスト教の信仰は日本社会に根づくことがなく、その後の思想史に影響を残さずに終わったと説く。『日本倫理思想史』の第五篇第三章「キリシタンの伝道と儒教の興隆」で和辻は、イエズス会士による日本への布教活動についてふれるが、「それらによつては、ヨーロッパの近世の精神は伝へられなかつた。さうして当時の日本人の多くがポルトガル人との接触によつて求めてゐたものは、むしろこの方にあったといってよいであらう」と総括したのである。

たとえば織田信長が仏教の地獄・極楽の考えや因果応報の説を否定したことに見られるように、「宗教的体験からの離脱」が当時の武士たちの一般傾向であったと和辻は説いている。織田信長やイエズス会士に接触した武士たちが求めていたのは、「ヨーロッパ人が東洋のはてまで進出して来たその広い眼界や知識であつた」。すなわち、世俗的で合理的な知識と、世界大にまで至る「眼界」の広さ。それを獲得しようとめざしていたのが、彼らの「南蛮」文化への一時的な熱狂の実相だったのである。そして徳川時代の「鎖国」政策が、日本人の「眼界」を閉じさせ、西洋近代における文化の発展から取り残されるようにしてしまったという批判が続くことになる。『鎖国』に見られるように、その「眼界」の狭さが近代にまで残った結果として、昭和の初期には軍部による横暴な支配を生んでしまったと和辻は考えていた。

しかし他面で、「民衆の思想」の次元においては、キリスト教の本格的な信仰に近づく動きがたしかにあった。そう和辻が指摘するところが興味ぶかい。それは『日本倫理思想史』の原型の一つとなった大東亜戦争中の著作、『尊皇思想とその伝統』（一九四三年）ですでに述べられている。

しかもそれは同書の後篇第五章「室町時代に於ける皇室憧憬」、すなわち室町時代に民間の「伝説口碑」を筆録した物語本に、「尊皇の道」の自覚が見られると説く文脈においてであった。そこで紹介するものの一つは、『神道集』などに収められている、熊野権現の縁起を語る説話「熊野の本地《ほんぢ》」である。『源氏物語』における光源氏の母親、桐壺の更衣を思わせる設定で、天竺の王家の美しい女御が苦難を受ける物語であった。

女御は「御《み》かど」の寵愛を一身に集め、王子を出産するが、ほかの后たちから憎まれて、深山のなかで首を切られてしまう。しかし女御は観音の熱心な信者であったために、首のないままに王子に乳を与え、はぐくんだ。そして成長した王子が新たな王となり、やがて紀州熊野に来たという話である。異本には「母妃の蘇り」のエピソードも加わっているものもあると和辻は指摘し、こう論じている。

　読者の同情を集中せしめようとする女主人公を、たゞに苦難の境界に置くのみならず、遂に頸を切られてなほその乳房により嬰児を養ふという如き残酷な姿に於て描くことは、さう古いやり方ではないと思はれる。しかもそれが霊験あらたかなる熊野権現の前身として説かれるところに、我々は苦しむ神、悩む神、人間の苦しみを己れに背負ふ神の観念を見出すことができる。十字架上に槍あとの生々《なまなま》しい残酷な救世主の姿を知つてゐるものは、奈良絵本に於て頸から血を噴いてゐるきさきの姿をながめて、この神の姿が決して偶然でないことを認めるであらう。さうしてこの後間もなく渡来した切支丹が、日本に於て多くの殉教者を出し得た所以も、容易に理解し得るであらう。が自分の当面の問題はそこにはない。さういふ神の観念を把捉し得たときに、それを源氏物語の伝統の下に『きさきの物語』として描いたといふことこそこゝに注目さるべき問題なのである。（『尊皇思想とその伝統』岩波書店、一九四三年、一八九〜一九〇頁）。

　和辻が『尊皇思想とその伝統』で「熊野の本地」をとりあげた理由は、第一に『源氏物語』の世界を投映させた「きさきの物語」として、庶民の「皇室憧憬」が存在したことを示す史料であるからにほかならない。しかし和辻の筆致が強調するのはそうした女主人公の設定ではなく、「頸なき母親の哺育」という要素であり、またその「蘇り」なのである。そして、母親が受けた苦難の残酷さ、そしてその復活というエピソードに「苦しむ神、悩む神、人間の苦しみを己れに背負ふ神の観念」を読みとって、この民衆の思想がのちにキリスト教信仰の基盤となったと指摘している。

ここには、和辻の若い日の世紀末藝術への嗜好が顔をのぞかせている。また「天竺」という設定も、エキゾティックな異国文化への憧れを惹きつける要素があったかもしれない。そうした「頸なき母親の哺育」という残酷なエピソードの奥からにじみ出てくる、「苦しむ神」に対する切実な希求。——先にふれたように、和辻による倫理思想史の大きな物語において、こうした民衆の信仰が前面に出ることはない。だがそれを一種の底流のようなものとして叙述にくみこむところには、実は和辻自身の、超越的なものに対する秘められた憧憬が感じられるようである。戦時下の著作で、「皇室憧憬」の思想にむしろ普遍宗教としてのキリスト教と一致するものを指摘するところも、時流に対するひそやかな抵抗であったかもしれない。

4　近世思想史への展望

戦国時代のキリスト教信仰は、徳川政権がきびしく弾圧したことを通じて、歴史の表面からは姿を消してしまった。またその信仰が従来の神仏に対するものと大して変わらず、超越神の観念を十分に理解したものとは言えない。そのことは、歴史研究者のあいだでほぼ一致した見解であろう。だが、本当にそれが一時の流行に終わってしまったと言えるのか。それだけ異質な信仰をいったん受容した背景として、そうしたものを受けいれる底流が日本の思想にもあったのではないか。また、それは隠れた形でのちの思想にも影響を与えているのではないか。――「天道」に注目する研究の系譜や、和辻による「熊野の本地」論には、そうした関心をうかがうことができるだろう。

和辻の『尊皇思想とその伝統』の室町時代に関する部分の初出は、みずからが編者を務めた『岩波講座　倫理学』の第一冊（一九四〇年）に寄稿した、同じ題名の論文であった。この講座の第八冊（一九四一年）には、東北帝国大学教授、村岡典嗣（一八八四・明治十七年～一九四六・昭和二十一年）が「日本倫理思想史上西洋思想との交渉」を寄稿して、キリシタンについても詳しく扱っている。

序章でも見たように、村岡は一九二三（大正十二）年に発足した、東北帝国大学法文学部の日本思想史講座の初代担当者（着任は翌年）――戦後、先にふれた石田一良がその講座を継承することになる――であった。もともとは早稲田大学文学科で、原始キリスト教研究で有名な波多野精一のもとで学び、神学を含む西洋哲学の研究を志していたが、日本思想史研究に転じ、『本居宣長』（一九一一年）で学界にその名を知られるようになった。だがそれと並行して、編著『吉利支丹文学抄』（一九二六年）を刊行し、仙台藩におけるキリシタン関係史料の発掘に努めるなど、日本のキリシタンに関する研究もライフワークの一つとしていた人物である。

村岡の論文「日本倫理思想史上西洋思想との交渉」は、冒頭近くで「もし少しく誇張して言ふならば、外国の思想の影響否輸入を無視しては、我国に於ける思想史は、存在しなかつたとまで為し得るかも知れない」と断言している。大東亜戦争も始まろうとしている時期での発言であり、危険思想として弾圧されるほどではないが、「日本精神」の純粋性を説く勢力から問題視されても不思議はない主張であろう。

そして村岡はこの論文の第一章で「吉利支丹時代」をとりあげ、その布教と弾圧の経過を語っている。そこでは、「半世紀余に亘るめざましい布教の事実があつたにも拘らず、吉利支丹の我国の思想史上に於ける影響は、殆んど無かつたと思はれる」と指摘しながらも、しかしその影響は「間接的であるがむしろ重大なるものであつた」と説くのである。

そは何であるかといふと、けだし近世初期、文運まさに新たならむとする時に先立つて渡来し、その機運とともに隆盛に赴き、殊に在来の諸学との間に、既述の如き［儒者・仏僧・神道家によるキリシタン批判を指す］盛んな論議、活潑な反撥を生じたといふことが、実に近世の自由討究と、それによる学問の勃興とに、少なからぬ刺戟となつたと思はれることである。妙貞問答に見られる、在来の伝統的教学に対する大胆なる批判的精神の如きは、まさしくわが近世的学問の先駆をなすものであつた。（村岡典嗣『日本思想史研究　第三』岩波書店、一九四八年、一六四頁）

ここに言う『妙貞問答』は、イエズス会日本人修道士であった不干斎ハビアンが、慶長十（一六〇五）年に著し、仏教・儒学・神道に徹底的な批判を加えた書物であり、これが林羅山『排耶蘇』や新井白石『西洋紀聞』など、キリシタンに対する理論的批判を呼び起こしたことに村岡は注目する。キリシタンが日本にもたらしたのは、そうした「自由討究」の精神性であり、それがたとえば、伊藤仁斎の朱子学批判を導き出し、また新井白石の西洋への関心から蘭学への発展へとつながった。キリシタンの影響は、思想史の表面からは消えてしまったが、それがもたらした「自由討究」の精神は底流に存続して、思想史の展開を支えていったというのである。

こうした村岡のキリシタン理解は、丸山眞男の思想史学にも影響を与えたと思われる。東京帝国大学法学部における「東洋政治思想史」の講義は、昭和十四（一九三九）年度に津田左右吉を非常勤講師として迎える形で始まった。その講義が右翼からの攻撃を受けたことで津田の出講が不可能になり、翌年から昭和十七（一九四二）年度まで三回の講義については、村岡が非常勤講師として招聘されている。そして戦時下の特別措置によって昭和十八（一九四三）年度の講義は前年十月から始まることとなったが、その年度から法学部助教授、丸山眞男が担当している。

丸山が昭和十八年度に行なった初講義の準備稿は、「戦中「東洋政治思想史」講義原稿」（『東京女子大学比較文化研究所附置丸山眞男記念比較思想研究センター報告』第八号、二〇一三年。同大学のウェブサイトで閲覧できる）として活字化されている。内容は「近世」すなわち徳川時代の政治思想史の概説であるが、その冒頭で「近世端緒期に於ける思想界の一般的状況」を語り、神道・仏教・儒教とともに「基督教（切支丹）」についても一節をさいて紹介している。その一年前に刊行された村岡の論文も、おそらく参考にして作られた原稿であっただろう。

丸山もやはり『妙貞問答』を詳しく紹介し、さらに儒学側からの反論にふれているが、そうした出来事の思想史上の意味についてどう論じていたかは、原稿が欠けているため読み取ることができない。だが、戦国時代における西洋文化との出会いについて、たとえば後年、思想史研究の論文「開国」（一九五九年）で、「開いた社会」という社会形態の問題として、改めてとりあげることになる。そして一九六六年度の「日本政治思想史」講義（『丸山眞男講義録』第六冊）では、一章をさいて「キリシタンの活動と思想」を論じ、日本において「普遍者へのコミットメント」が存在した時代がもつ意義を強調している。

こうした関心の背景には、戦時中に村岡の論文に刺戟されながら戦国時代におけるキリスト教受容の問題を考察した経験があったのではないか。日本独自の「國體」や「日本精神」を賛美する声が吹き荒れる時代に、むしろ前近代の思想のなかに、普遍性を真剣に希求する要素が存在していたことを指摘する。村岡・和辻・丸山の三人の戦時中の思想史研究の仕事には、時代に対するそうした抵抗がひそんでいたのである。

五章　儒学と徳川社会

1　「徳川儒学史」の物語

中学・高校の歴史教科書の記述はしばしば、専門の歴史研究においてはすでに否定されていたかつての通説のままになっている。もちろん専門研究の学界における共通了解が、教科書の記述に反映されるようになるまで、ある程度の年数を要するのはしかたのないことだろう。中学や高校の先生方が、学術雑誌や研究書の最新方法を常にチェックして、授業の内容を更新し続ける。そういう方法で授業を運営している先生もいるだろうが、一般に推奨すべきやり方ではないだろう。それよりも、ある時点で定まった見解を教えることに決めてしまい、むしろその教え方に毎年工夫をこらした方が、教育効果は高いはずである。教科書の内容が研究の最新動向をそのまま反映すべきだとは、一概には言えない。

しかしこうしたギャップについては、近年、高校教科書に携わる人々の間からも反省の声があがるようになり、実際に教科書の内容も変わってきた。その一端が、文部科学省の教科書調査官によって書かれた、高橋秀樹・三谷芳幸・村瀬信一『ここまで変わった日本史教科書』(吉川弘文館、二〇一六年)で示されている。聖徳太子について「厩戸皇子《うまやどのみこ》」と並記するようになった。「鎖国」という言葉を使うのをやめた。そうした諸点については、メディアによる報道を通じて、すでにおなじみだろう。

したがって教科書の内容について、あまり目くじらを立てるような態度をとるのはよくないのだが、思想史研究の立場からは見逃せない部分が、やはり残ってしまう。徳川時代の政治体制と朱子学の思想との関係という、一つの時代の特徴を示すような大問題について、問題ぶくみの記述がいまだに残っているのである。たとえばある教科書(二〇一二年検定版)の「寛永期の文化」「元禄文化」の節には、このように記されている。

朱子学は君臣・父子の別をわきまえ、上下の秩序を重んじる学問であったため、幕府や藩に受け入れられた。京都相国寺の禅僧であった藤原惺窩は、還俗して朱子学などの啓蒙につとめた。門人の林羅山(道春)は家康に用いられ、羅山の子孫(林家)は代々儒者として幕府に仕えて、学問と教育を担った。(「寛永期の文化」)

幕藩体制の安定とともに儒学のもつ意義は増大した。社会における人びとの役割（職分）を説き、上下の身分秩序を重んじ、「忠孝・礼儀」を尊ぶ考え方がのぞまれたからである。とくに朱子学の思想は大義名分論を基礎に、封建社会を維持するための教学として幕府や藩に重んじられた。（「元禄文化」）

そして、この「封建社会を維持するための教学」としての朱子学に対して、やがて「外来の儒学にあきたらず、孔子・孟子の古典に直接立ち返ろうとする古学派」、すなわち山鹿素行・伊藤仁斎・荻生徂徠が登場するという歴史のあらすじが語られる。同時に「現実を批判してその矛盾を改めようとするなど革新性をもっていた」陽明学の系譜についても、中江藤樹・熊澤蕃山の名を紹介しているが、この位置づけは、あとで徳川後期の政治史を説明するさいに、大塩平八郎の乱について理解させるための伏線でもあるかもしれない。

いま紹介した部分だけでも、すでに疑問点がいくつも挙がってくる。この教科書に「封建社会」を定義した記述は見あたらないが、近世の部の扉にはこうある。「幕藩体制は、検地・刀狩を通して兵農分離された安定した封建支配体制であった。しかも武士を支配身分とする身分階層の序列が固定していたことから、二百六十年余り封建体制が続いた」。武士が支配者となり、武士の内部においても、武士と町人・百姓との関係においても、「身分階層の序列」が幾重にも積み重なり、その序列をこえることが許されなかった社会。そういう意味で「封建社会」と言っているのであろう。

朱子学がこの「封建社会」を維持するのに役立つので、「幕府や藩に受け入れられた」。かつては「日本では江戸幕府から官学として保護された」（小学館『デジタル大辞泉』の項目「朱子学」より）と、徳川政権の成立当初からその「官学」に採用されていたように説明されていた時代解釈である。いくぶん表現が弱くなってはいるが、徳川家康と林家とのつながりを強調するところは、やはり徳川時代の初めからの「官学」という理解を継承しているのだろう。ちなみに同じウェブ辞書で「官学」を検索すると、「政府が認めた学問。江戸時代の朱子学など」となっている。

しかし、朱子学どころかそもそも儒学が一般に、徳川時代の身分制による支配体制とあいいれない性格をもっていることは、すでに津田左右吉『文学に現はれたる我が国民思想の研究 武士文学の時代』が第三篇第六章「儒教仏教神道及び基督教の思想」で指摘したところであった。

けれども徳川幕府の下に政治的秩序の成り立つたのは、儒教のいふやうな礼楽制度のためでもなく、また所謂名教の力でも無くして、幕府の武力と、其の巧妙な政策と、又た戦国の長い年月に馴致せられて来た武士の主従関係と其の間に養はれた情誼とを、政治組織・社会組織の基礎として、封建制度を建てたとのためである（後に「新井」白石や「荻生」徂徠などが礼楽制度論を喧しくいひ出したのは、儒教政治学の信条を標準にして、幕政の欠陥が却つてこゝにあると考へたのである）。さうして、武士社会を維持する武士道の根本的精神は、それが徳川の固定主義・秩序主義と相容れない点を有つてゐると同様、儒教の秩序主義ともまた矛盾してゐる。（津田左右吉『文学に現はれたる我が国民思想の研究』岩波文庫版第四冊、一九七七年、二五三頁）

津田によれば、徳川の体制を支えたのは、あくまでも武力と政策、そして武士の上下の主従関係によって規律された支配組織である。それは朱子学が体制教学となり、科挙の実施を通じて統治者の共通の教養とされていた清朝や朝鮮王朝の体制とはまったく異なっている。新井白石や荻生徂徠が、それぞれに儒学の理想に基づく政治改革を提案したのは、むしろ支配体制が儒学と無縁のものだったからにほかならない。先の教科書が注目する家康と羅山の例にしても、公方の顧問としての役割ならむしろ天海や崇伝といった僧たちの方を家康は重用していたのであり、羅山は「漢籍をよみ得た」ので「字書の代わりに用ゐられたに過ぎない」と、きびしい指摘を加えてもいる。

　したがって徳川政権が発足当初から「宋儒の学を尊信したやうに論ずる」のは、朱子学、またそれ以外の学派の儒学が社会に普及したのちになってから、儒者たちが言い出した説にすぎないと津田は説明する。あとで見るように、朱子学が公儀の体制教学であったという説は、明治時代以降も近世史理解の常識として引き継がれていた。津田の見解は、それをまっこうから批判するものであったが、戦後、一九六〇年代以降は尾藤正英『日本封建思想史研究』（一九六二年）、渡辺浩『近世日本社会と宋学』（初版一九八五年、増補新装版二〇一〇年）といった研究がその立場を支持し、いまではこちらが学界の共通理解になっている。教科書の記述はそれ以前、極端に言えば津田以前の通説をひたすら墨守しているのである。

　先にふれたように、同時代の清朝と朝鮮王朝、さらにヴェトナム、琉球においては、朱子学に基づいて、官吏登用試験としての科挙が行なわれていた。そこでは誰もが――ただし男性に限られてはいるが――朱子学を学び、試験の難関を通りぬければ、官僚として統治にあたることができる。これに対して徳川時代の日本において統治にあたるのは、身分を世襲する武士たちであり、統治機構のなかでの地位も、個人の才能よりも、家格によって強く規定される。そして津田も指摘するように、少なくとも徳川時代の初期においては、公儀や大名家の家中において、朱子学を学ぶことが奨励される例は多くなかった。会津の保科《ほしな》正之、水戸の徳川光圀《みつくに》といった、朱子学に熱心だった大名たちは、少数派であったからこそ「明君」として目立つ存在だったのである。

また津田が指摘するように、徳川家康はそもそも、何らかの思想や学問を広めることで、みずからの体制を正当化しようという意識をもっていなかった。個人として重んじていたのはむしろ仏教であり、曽根原理『神君家康の誕生――東照宮と権現様』（吉川弘文館、二〇〇八年）によれば、晩年には諸宗派の僧を集めて御前論議を開催している。そして没後には天台宗の神道に基づいて東照宮に祀られた。儒学流の宗廟を建て、公方の後継者が礼に基づいてその霊を祀るといったことは、もちろん行なわれていない。

したがって林羅山が重用されたのは、僧侶たちとともにお抱えの知識人の一人という位置づけにすぎない。湯島聖堂も、羅山が設立した当初は上野忍岡《しのぶがおか》にある林家の邸内に設けられた先聖殿（孔子廟）と学寮であり、公儀の直轄機関ではない。朱子学はむしろ、主に公儀や大名家に属していない町儒者たちが私塾を開き、そこに人々が集まることで普及していった。いわば民間の学問として、ゆっくりと日本社会に広まったのである。

科挙が行なわれず「官学」としての位置づけを得られないことは、儒者たちの生活をきびしいものにした。徳川時代の特に前半においては、儒者が医者を兼ねる例も多く見られる。当時は漢方医学であるから、中国の医学書を読み、薬を処方するために、漢籍の読解能力が応用できたのである。だがその反面で、支配権力が教義を指定するということがなかったため、朱子学を批判する儒学も登場し、盛んに論争を闘わせることになる。そうした論争の過程を通じて、朱子学もそれ以外の諸派も含めて、儒学は日本社会に定着していった。

やがて十八世紀の後半になると、大名家が学問所（藩校）を設立して武士たちに儒学を学ばせる例が登場するようになり、武士の、あるいは学問に関心のある庶民の基礎教養として定着した。その結果、公儀においても十八世紀の末に湯島聖堂の内に昌平坂学問所を設立させ、直接に指導・監督するようになった。そこでは朱子学を講義するよう定められており、朱子学はここで初めて公儀の「官学」となったのである。

また、教科書の記述で、朱子学の特徴として「大義名分論」を挙げ、「上下の身分秩序を重んじ」る思想と規定しているのも問題である。朱子学にかぎらず、たしかに儒学の思想は近代的な人権思想に比べれば、人と人のあいだに上下の序列があることを容認する。典型的には「夫婦の別」である。男性が社会に出て活動し、女性は夫に従い、家庭内のことをとりしきるという関係が当然のものとされている。さらに子供が両親を大切にする「孝」を重要な徳目に位置づけ、親の意向にひたすら従うのを高く評価する点も、近代の人権思想を厳密に信奉する立場からすれば問題になりうる。

しかし、儒学はそもそも身分制批判の要素を含んだ思想である。とくに孟子が、人間には誰にも善なる性質が生まれつき潜在しているという性善説を説き、朱子学がそれを重視しながら哲学体系を打ち出したことで、その特質は強まった。朱子学の発想によれば、誰の心にも普遍的な「性」として、天地万物に共通する「理」が備わっているのだから、学問による修養を通じてそれが純粋に働き出すように工夫すれば、円満に調和した立派な人格へと成長できる。それは必ず、統治の仕事を任せるに足る、「徳」のある人物を意味するから、君主のもとに官僚として仕え、人々の統治と教育にあたることができる。登用試験としての科挙は、まさしくその理念の現実化として考えられていた。

したがって、親子、兄弟、夫婦の上下関係はあるにせよ、君臣関係における主君への忠は、あくまでも条件つきのものである。その関係は第二章で『神皇正統記』に関連して説明したように、君臣が協力して「道」の実現に努め、民が安らかに生活できるようはからうという目的のもとに成立している。もし君主が「道」を行なおうとせず、悪政に走ったならば、それを諫めるのが臣下の義務であるし、諫めてもいっこうに態度を改めないなら、臣下は君臣関係を断ち切り、辞職してよい。その暴君ぶりが進み、民の苦しみの声が世に満ちていたならば、徳の高い臣下が君主を追放し、みずから新たな王朝を始めることすら、是認されるのである。

朱子学のこうした理想主義的な側面は、世襲の身分秩序によって支えられた徳川時代の政治体制には、およそそぐわないものである。山崎闇斎に見られるように、朱子学を学問の基礎としながら、主君に対する「忠」の実践を強調する儒者が多く出たのは、統治者である武士たちの抱くモラルに適応しようとする努力の表われであろう。やがて徳川時代の後半になると、會澤正志斎、藤田東湖といった水戸学の儒者たちが、「大義名分」として、臣下は主君の命令に対して、その是非を問わずに従うべきだというモラルを説くようになる。「大義名分」の言葉それ自体の意味はともかく、使われた文脈を含めて内容をとらえれば、まさしく日本の武士の思想と重なるものである。本来は朱子学の特徴として挙げるのにふさわしい文句と言えない。

2 「体制教学」観の形成

先にふれたように、十八世紀後半からは各地の大名家で学問所があいついで設けられ、公儀が昌平坂学問所を支える体制もできて、朱子学が一応「官学」と呼ばれる地位につく。ただし、そうした学校での成績が公儀や大名家の組織のなかでの出世を保証する制度はほとんど作られなかったし、大名家の藩学では朱子学以外の徂徠学などが教授された例もある。しかし、社会の一般に儒学が浸透することとあわせて、儒学、とりわけ朱子学が知識人の教養の基礎になる世の中が、徳川時代の後半には到来することとなったのである。

したがって、徳川政権が「瓦解」し、明治の新政府の時代になったとき、西洋思想の受容を通じて「文明開化」を進めようとした知識人たちは、儒学に焦点をあててその批判を試みるようになった。「官学」であったかどうか、武士たちが朱子学に則って生きていたかどうかといった判断の以前に、彼らにとって儒学は、克服もしくは否定すべき前時代の支配思想であった。

そうした議論の典型は福澤諭吉である。福澤はその著書『文明論之概略』（一八七五年）の第九章「日本文明の由来」で、武士が支配する時代を通じて日本社会全体に培われた「権力の偏重」の気風を徹底的に批判した。そこでは人間関係のあらゆる場所、あらゆる地位において、上位の者が下位の者を抑圧し、下位の者が上位の者にへつらう精神態度が、秩序のどの段階でも人々を支配している。そういう形で人々が大名家や商家といった上下さまざまな「箱」のなかに閉じ込められている状態は、「独一個人の気象」――individualityの訳語である――が支配し、「自由」の主張がさまざまにせめぎあう西洋社会とは、およそ対極にあるもののように、福澤の目には映った。

そして福澤によれば、閉塞した社会のありさまを支え、固定したのが、まさしく儒学が日本社会に果たした役割なのである。「権力の偏重」の現象の中核をなしているのは、権力も知識も、みな「治者の党」に集結してしまい、治者と被治者のあいだに分厚い壁ができている事態にほかならない。その結果、富も才能もみな政府へと集中して、被治者から隔絶した世界のうちで「治乱興廃、文明の進退」を統御する仕事が行なわれてしまう。

近代の西洋における「文明」の進歩を支えたのは、政府から独立した「人民一般の間」で学問が発展したことであった。日本においては対照的に、知識は政府のうちに独占されてしまう。大名家や公儀の学校がそうした性格をもつのはもちろんであるが、私塾においてもその生徒は武士が多くを占める。そして学ぶ内容は「人を治《おさむ》るの道」であり、政府に仕えることをひたすらめざして学問をするのである。

朱子学者に言わせれば、先に述べたように主君の悪政を批判することも、「忠」の実践として大事な行為であるから、立派に人格を磨いて統治者になろうとめざすことは、現実の権力者にへつらうこととは異なると反論するかもしれない。だが先に見たように日本の朱子学者、あるいはほかの学派の儒者たちが、「忠」の実践についてはひたすら主君に従順になるよう教えていたことを、福澤はおそらく自己の見聞から十分に知っていた。そして、「政府の専制」を助けた張本人として儒学をきびしく批判する。

政府の専制、これを教る者は誰ぞや。仮令《たとひ》政府本来の性質に専制の元素あるも、其元素の発生を助けて之を潤色するものは漢儒者流の学問に非ずや。古来日本の儒者にて最も才力を有して最もよく事を為したる人物と称する者は、最も専制に巧にして最もよく政府に用ひられたる者なり。此の一段に至ては漢儒は師にして政府は門人と云ふも可なり。(『福

澤諭吉全集』第四巻、岩波書店、一九五九年、一六一頁）

しかし同時に、知と権力が一体化したこの強固な体制が一挙に「瓦解」へとむかったのはなぜなのか。福澤は、対外危機と攘夷論の勃興や、尊皇心の働きが「王制一新」を導いたといった俗説を批判する。そうした原因は、討幕運動が起こるのを助けた短期的な刺戟にすぎない。より長期的で本質的な原因は、そうした抑圧体制のもとでも人々の智恵と徳、すなわち精神を支える「智徳」がひそかに進歩していたことである。その結果、「門閥専制の政」に対する不満がふくらんでいき、やがて「王制一新」の運動として爆発した。

そうした不満の成長の証拠を、福澤は徳川時代の学問と文藝のなかに見いだしている。「一国人民の智徳」を論じた第五章では、「門閥」による支配のもとでその「停滞不流」の状態を打ち破ろうとする意識が動き出していたようすを、以下のように指摘している。

人智発生の力は留めんとして留む可らず、この停滞不流の間にも尚よく歩を進めて、徳川氏の末に至ては世人漸く門閥を厭ふの心を生ぜり。其人物は、或は儒医に隠れ或は著述家に隠れ、或は藩士の内にもあり或は僧侶神官の内にもあり、何れも皆字を知て志を得ざる者なり。其徴候は、天明文化の頃より世に出る著書詩集又は稗史小説の中に、往々事に

寄せて不平を訴るものあるを見て知る可し。（前掲書、七一頁）

もちろん「門閥専制の政」を正面から批判する議論が登場したわけではない。しかし、上流の地位にある人々の奢侈を批判する儒者の言説や、世間を風刺する戯作者の作品に、そうした「門閥を厭ふの心」が活発に働いていた。ここにあるのは、支配的な「官学」としての儒学に対して、民間の学問・文藝が反撥するようになってゆくという歴史像である。強引に言えば、そうした民間の知の発展が、公儀の「瓦解」という一大政治変動を根柢のところで引き起こしたと福澤は説いた。

ここで福澤が公儀・大名家の御用学問として批判しているのは儒学一般であり、必ずしも朱子学のみを体制教学として批判しているわけではない。だが、こうした「官学」と民間学との対抗というイメージが、明治になると、体制派の朱子学に対して、いわば反体制派としての陽明学を対置する見かたにつながってくる。その有名な例としては、日露戦争の直後に内村鑑三が英語で著わした書物『代表的日本人』（*Representative Men of Japan*, 1908）がある。第一章「西郷隆盛――新日本の創設者」に、そうした議論が明確に打ち出されている。

内村は、日本の「一八六八年の日本の革命（The Japanese Revolution in 1868）」を導いた西郷隆盛について、そのめざしたところを「統一国家」と「東アジアの統合（reduction）」と判断する。そしてその構想の根柢にあるのは、若いころから西郷が学んだ陽明学にほかならないとした。

旧政府により、体制維持のために特別に保護された保守的な朱子学とは異なり、陽明学は進歩的で前向きで可能性に富んだ教えでありました。／陽明学とキリスト教との類似性については、これまでにも何度か指摘されました。［中略］そのキリスト教に似た思想が、日本の再建にとっては重要な要素として求められたのでした。これは当時の日本の歴史を特徴づける一事実であったのです。（内村鑑三著、鈴木範久訳『代表的日本人』岩波文庫、一九九五年、一九頁。訳文は一部改めた）

西郷隆盛の思想それ自体における陽明学の影響をどの程度に見積もるかは、判断がむずかしいところと思われるが、内村はそれを決定的なものとして断言する。内村にとって陽明学は、「崇高な良心を教え、恵み深くありながら、きびしい「天」の法［heavenly laws］を説く点」において、キリスト教と似たものであった。ちょうど新渡戸稲造による『武士道』と同じように、日本の伝統思想のなかにキリスト教と似たものを見つけ、それが継承されたがゆえに日本が近代国家の建設に成功したと説こうとする。そうした明治のキリスト教知識人の問題関心がはっきりと表われている例である。

しかしここで注目したいのは、朱子学が「体制維持のために特別に保護された」保守的な儒学であると説き、それに対して民間の、もっと言えば反体制の思想として陽明学を描きだす見かたである。小島毅『近代日本の陽明学』（講談社選書メチエ、二〇〇六年）が詳しく分析しているように、明治時代以降においては、福澤が示すような徳川思想史像から発展したものとして、体制改革の実践思想として日本の陽明学を高く評価する例が数多く登場するようになる。そうした系譜は、戦後もたとえば三島由紀夫に見られ、さらに現在まで続いていると言えるだろう。

内村の著書の八年前、一九〇〇（明治三十三）年に、哲学者、井上哲次郎が『日本陽明学派之哲学』を刊行した。『日本古学派之哲学』（一九〇二年）、『日本朱子学派之哲学』（一九〇五年）とともに三部作をなして、徳川思想史の全体像を描きあげた労作と言えるだろう。現在でも日本史教科書が、朱子学・古学・陽明学の三種類に分類して徳川時代の思想を紹介するのも、いまだにその影響が残っている証拠である。

しかも、陽明学の巻を最初に刊行しているところが興味ぶかい。『日本陽明学派之哲学』の初版序文によれば、徳川時代の儒学思想に関する研究をはじめたきっかけは、一八九七（明治三十）年にパリで開催された「万国東洋学会」で「日本に於ける哲学思想の発達」を講演したことであり、それ以後「日本哲学に関する史的研究」を進めていったのだという。西洋人に対して日本の伝統思想を説明する必要から出発して、武士道や陽明学に関する再評価に至るという道筋が、新渡戸、内村、井上の三者で共通している。

井上が『日本陽明学派之哲学』の「叙論」で示すのは、やはり林羅山以来、朱子学が「官府の教育主義」となったという時代理解である。そして朱子学がややもすると「博学多識」の方向に偏り、「固陋迂腐《ころううふ》」なる学者を育ててしまうのに対して、「心を明《あきらか》にする」ことに専心して「実行を尚《たっと》ぶ」陽明学者には、「単刀直入」のタイプの人格をもち、実践を通じてすぐれた業績を世に残した人物が多いとする。内村が賞賛した西郷隆盛もまた、この本の巻末で紹介されている。

歴史の実態から言えば、井上が説くように朱子学が「官府」の学問であったため陽明学が弾圧され、少数派にとどまったという理解は正確ではない。むしろ科挙によって学問が統制されていた中国や朝鮮とは異なって、朱子学・陽明学を兼ねて学ぶ学者が多いため、陽明学の色彩の濃い人物が突出して見えたということだろう。

たしかに朱子学に比べ、陽明学が「良知」（心の本体をなす道徳的な働き）の純粋な発揮を重んじ、実践への意欲を強調することはたしかであるが、世界観の体系は両者で共通している。しかし大塩平八郎が反乱を起こした例が過大評価され、徳川時代における抵抗思想としての陽明学というイメージができあがったのであろう。現在でも大塩と陽明学との結びつきを強調する教科書の記述や、反逆・反体制の思想のように徳川時代の陽明学を評価する言説は、そうした傾向をひきずっている。

しかし井上にとって陽明学が重要なのは、単に人間を実践へと導くからではない。巻末にある「結論」によれば、それは「日本化」しやすい性質をはじめからもっていたからなのである。

陽明学は其本を言へば、明の〔王〕陽明に出づと雖も、一たび日本に入りてより忽ち日本化し、自ら日本的の性質を帯ぶるに至れり。若し其顕著なる事実を挙ぐれば、神道と合一するの傾向あり。拡充して之れを言へば、国家的精神を本とするの趨勢あり。〔中略〕蓋し日本人は性、単純を喜ぶ。然るに学としては陽明学より単純なるはなし。簡易直截といふもの洵《まこと》に当れり。是を以て日本人の陽明学に接するや、其性其物と適合し、此れを以て此れに容れ、相互融会して一となり、炎々たる活気を内に蓄へ、事あるに当りては、発して電光の如く、衆目を眩《げん》するに足るものあり。（井上哲次郎『新訂　日本陽明学派之哲学』冨山房、一九三八年、四〇九〜四一〇頁）

陽明学は、朱子学の哲学体系を前提としながら、「知行合一」（まず行ないを理に合致させせよ）、

「致良知」（自分の心に備わる道徳性を実践せよ）といった簡潔なスローガンで、実践へむかう態度を強調するところに特徴がある。井上によれば、その「簡易直截」な教えが日本の神道に通じるので、「日本化」するのが容易であり、また実践への志向が「国家的精神」すなわちナショナリズムを支えることになった。そういう意味でやはり「国民道徳」を支える重要な柱として、陽明学を位置づけたのである。これをさらにキリスト教との共通性ととらえれば、内村鑑三のような理解に結びつくだろう。

いずれにせよ、こうした朱子学・陽明学の理解から、近代における徳川思想史像の構築は出発した。そしてその影響は専門研究の世界の外で、いまだに根強く残っているのである。

3　物語の再編成と展開——和辻哲郎・丸山眞男

和辻哲郎は、一九〇九（明治四十二）年から三年間、東京帝国大学文学部哲学科で学んでいる。当時の主任教授は井上哲次郎であり、すでに先の徳川思想史三部作を完成させたのちであった。しかし和辻は、東西の哲学の安易な調和と、国民道徳を説く井上の姿勢には反感をもち、むしろ外国人教師、ラファエル・ケーベルに心酔して、卒業論文もケーベルに読んでもらうために英語で書いて提出したのであった。

したがって先にもふれたように、のちの和辻の倫理思想史研究は、井上のような単純な国民道徳論を批判しつつ、それをのりこえながら国民道徳の伝統を思想史のなかに具体的に探る姿勢をとっている。とりわけ徳川時代の儒学思想については、あえて井上の説いたものとは異なるイメージを、徳川思想史に関して打ちだそうとする姿勢が、はっきりと見てとれる。『日本倫理思想史』では、すでに章立てからして、そうした関心が表われている。第五篇第二章は「戦乱の間に醸成せられた道義の観念」と題され、第三章の「キリシタンの伝道と儒教の興隆」で、藤原惺窩・林羅山にまで説き及ぶ。つまり、戦国時代に大名家の家中に生きる武士たちのあいだに「道義」を尊重する精神が生まれ、キリスト教の到来と、それに対する批判を通じて、徳川時代の儒学思想の歴史が始まる。そうした形で、いわば戦国武士のあいだで自生的に始まった「道義」の追求と、外来の異文化との対決に、日本で儒学思想が独自に発達する原点を見いだしている。

実は戦国時代の武士の思想については、和辻はその前に論文を発表していた。『思想』の一九四五（昭和二十）年九月号（第二百六十九号）に掲載された「甲陽軍艦に於ける武士の理想」がそれである。『思想』は戦時下で一年ほど休刊を余儀なくされていたが、日本のポツダム宣言受諾、終戦ののちに八月号（九月二十五日発行）で復活した。九月号はその復刊第二号にあたり、発行は十月十日である。その「編輯後記」で和辻の論文はこう紹介されている。

和辻哲郎氏の「甲陽軍艦に於ける武士の理想」は戦争中軍官の諸氏に一読三読して貰ひたかつたもので、筆者の志もそこにあつたものと思ふが、今日の事態の中でこれを読む人はまた別な感慨の深いものがあると信ずる。

当時、『思想』の編集の実務は林達夫と谷川徹三がとりしきっており、和辻もまたそこに助言を加える立場にあった。この後記の筆者は林か谷川だろう。終戦後に急いで準備したような内容の論文ではないから、軍人や官僚に「一読三読して貰ひたかつた」という記述は、本来は戦時中の号のために執筆・入稿したのに、雑誌の休刊によって陽の目をみなかったという事情を暗示しているように思われる。

『甲陽軍艦』は、武田信玄に仕えた高坂弾正昌信の遺記を出発点として、ほかの武士たちが書き継いだものを、徳川時代の初期に、軍学者、小幡景憲《かげのり》が編纂したとされる、大部の書物である。甲州武士の心構えや、事績、家法、軍法、合戦などについて詳細に語ったもので、徳川時代には軍学書として公刊され、武士のあいだで広く読まれた。和辻は『思想』に掲載した論文で、小幡景憲による編纂の役割を重視し、そこには徳川時代初頭の思想が着色されていると指摘する。だが、武田信玄など老将たちの言葉や、武田信玄の軍法を記した諸巻については、その「古い材料」から戦国時代の思想を読み取ることができると説き、そこから戦国時代の武士たちが考えた理想を発掘するのである。

和辻の見るところでは、『甲陽軍艦』が武士の「統率の仕方、更に進んで政治の理念」として掲げているのは、「北畠親房が我国古来の政治理想として掲げた三項目」、すなわち「正直・慈悲・知慧」にほかならない。そしてその三項目を「戦闘団体の統率や戦争の実践のなかに実現して行く」ところに、戦国時代の武士の理想の特色があると説くのである。先に見たように、政治において「道」を実現しようとする政治的正義の伝統が、日本思想史には存在するというのが、和辻の思想史像の重要な柱であった。したがって、『甲陽軍艦』が説く武士のモラルも、その本質は「武力闘争の技術」ではなく、「正直・慈悲・知慧」を、「男らしさ」や「廉潔」といった形で実践することにあったと解している。

そして和辻が注目するのは、「献身の道徳」としての武士のモラルの内部から、「治者の道としての道徳」の認識が生まれ、徳川時代における儒学と結びついた「士道」――この場合の「士」は、漢語の本来の意味で統治にかかわる人々、士大夫を指す――へと発展してゆく過程である。『甲陽軍艦』が「貴族主義的色彩」を示していることに、和辻は注目する。「侮辱を受ける、或は体面を傷けられるといふこと」を徹底して戒める。そこに、一般民衆とは異なる「士」独自のプライドを見いだし、「卑しさ」を拒否する「高貴の道徳」が生まれていたと解釈するのである。

その例としてもちだすのが、『甲陽軍艦』第四十品「石水寺物語　上」に引く、老将、山縣三郎兵衛の言葉であるところがおもしろい。「未練な大将」のもとでモラルが緩んだ大名家中では、武士それぞれの技量を判定するさいに、誰もが「自分の贔屓の人」をほめ、結果的には大勢に従って、多数決で物事を決める例が横行する。これを三郎兵衛は男らしくない「女侍」として批判した。和辻はこれを「価値判断の正しさを決めるものは人数の多さではなくして価値を見分ける慎重な穿鑿《せんさく》でなくてはならない」というメッセージと読む。すなわち、付和雷同に堕してしまう「多数決」を斥け、慎重な「穿鑿」「分別」によって、道理を見いだし実践すること。それが武士たちの「高貴の道徳」として説かれたことが、士大夫の道としての儒学思想の受容へとつながった。

徳川時代における儒学の受容との連続性は、論文「甲陽軍艦に於ける武士の理想」ではそれほどはっきりと示されていない。だが『日本倫理思想史』の第五篇第二章ではそれを明確にしている。「この貴族主義は、やがて下剋上の大勢に区切りをつけ、貴賤の別によつて社会層を固定させるといふ、身分制の確立となつて現はれてくる。さうしてそれを支持するために力説せられ始めた儒教の君子道徳と、極めて自然に結びついて行つた」（下巻、二三二頁）。そして先にふれたように、中江藤樹・熊澤蕃山・山鹿素行といった儒学者たちの思想へと、筆を進めてゆくのである。

『思想』の「編輯後記」が説くように、「甲陽軍艦に於ける武士の理想」は同時に、昭和の戦前・戦中期における軍人や官僚に対する批判をこめて書いた仕事であったと思われる。たとえば軍部では、皇道派・統制派といった派閥が形成され、おたがいに争うようになったが、派閥内の結合を支えていたのは、一つの理念の共有というよりも、個人どうしの「贔屓」の心情であっただろう。さらにそうした急進派将校たちの意見が渦巻いた結果、本来ならそれを抑えるべき上層部も、全員一致という空気に即した「多数決」を考えて、急進派と穏健派を足して二で割ったような方針を打ち出してしまう。その結果、戦争指導は少しずつ急進派の方へ傾いてゆき、戦争の拡大へとのめりこんだ。――個人が「穿鑿」「分別」を働かせ、勇気をもって現状を批判してゆくこと。その理想を、和辻は戦国時代の武士たちから読み取ったのであった。

「多数決」に対する批判に注目するならば、社会の多数を占める一般庶民が、一時的な感情に動かされて、歪んだ選択へと政治を導いてしまうような、ポピュリズムに堕したデモクラシーに対する警戒も、和辻の論文からは読み取れるかもしれない。大正時代の普通選挙運動の全盛期とも言える時期に、やはりデモクラシーの論者として論壇で活躍していた和辻にとっては、そうしたポピュリズム批判の論理も、早くから親しいものであったと思われる。

ただし、徳川時代の政治体制と朱子学との関係についての和辻の理解は、津田左右吉の先行学説には従わず、井上哲次郎の徳川思想史像をそのまま踏襲している。「武士の勢力を統一し得た秀吉が民衆の武装解除を敢行した後には、当時の支配関係を固定して社会を階級的に秩序立てるといふ政策が意識的に採用された。江戸幕府はそれを完成すると共に、その理論的な根拠を儒教に求めたのである」（『日本倫理思想史』第五篇第四章、下巻、三九九頁）。武士道から「士道」へと、政治的正義の伝統が引き継がれてゆくという倫理思想史の物語に、津田のような理解はふさわしくないと考えたのかもしれない。

徳川時代の体制教学としての朱子学という歴史理解に固執することに関しては、東京帝国大学法学部で、津田が非常勤講師として最初に担当した「東洋政治思想史」の講義（一九三九年度）を聴き、その三年後から専任教員として同じ講義を担当することになる、丸山眞男も和辻と同様であった。その最初の論文「近世儒教の発展における徂徠学の特質並にその国学との関連」（一九四〇年、『日本政治思想史研究』一九五二年に再録）が描くのは、そのように公儀による政治体制が発足した当初から「官学」もしくは支配体制の「イデオロギー」として普及していた朱子学の思想体系が、その内部から解体してゆく過程である。

やがて戦後になってから、丸山はみずからの徳川思想史像を、いわば津田よりに修正するようになる。一九七四（昭和四十九）年に『日本政治思想史研究』の英訳版（ハネ・ミキソウ訳）が刊行されたさい、英語版への著者序文を書き加えた。その日本語版は、『日本政治思想史研究』新装版（一九八三年）に収める形で公刊されている。そこで丸山は、徳川時代には朱子学を批判する儒学の登場と並行する形で、ゆっくりと朱子学が普及したこと、また、山崎闇斎など徳川初期の朱子学も、決して中国や朝鮮の朱子学とは同じでなく、「日本的な特性」をもっていることを認めた（講義録では一九六六年度から同様の議論が登場している）。

丸山がこうした新しい立場に基づいて徳川思想史の通史を改めて書くことは、ついになかった。だが、そうした自己反省が徳川時代の儒学思想史に関する分析を深化させていったことはまちがいない。公刊された思想史研究の論文としては、「闇斎学と闇斎学派」（一九八〇年、『丸山眞男集』第十一巻、岩波書店、一九九六年、所収）が注目に値する。この論文が扱うのは、山崎闇斎と、浅見絅斎《けいさい》・佐藤直方・三宅尚斎といった弟子たちに発する「崎門《きもん》」すなわち闇斎学派の内部における熾烈な論争にほかならない。

そこで丸山が強調するのは、崎門の儒者たちに見られる、「一つの真理」をめぐる「コミットメント」の強烈さである。たとえば浅見絅斎の弟子であった若林強斎は、闇斎晩年の弟子である三宅尚斎と激しく論争し、絶交するに至った。それを仲介しようとしたみずからの弟子、山口春水に対してこう語り、拒絶している。「其義理ノ所㆑不㆑合《あはざるところ》ハ除イテ置イテ、只睦ジク交リタレバトテ、ソレハ俗人ノ交リト同ジ事、何ノ詮モナキ事也」（『強斎先生雑話筆記』巻三、虎文斎刊行の活字本、二十丁裏〜二十一丁表）。相互批判を通じて普遍的な「義理」を共に追求し、共有しようという態度もなく、ただいいかげんに仲良くつきあうのは、「俗人ノ交リ」であって、君子たることをめざす儒者のとるべき態度ではない。

のちに丸山は、没後に公刊されたインタビュー『自由について――七つの問答』（編集グループSURE、二〇〇五年）のなかで、一九七〇年代に展開した新左翼党派による内ゲバの相互殺戮に対する批判意識が、「闇斎学と闇斎学派」の背景にあったことを明かしている。論文のなかで丸山はこう語っていた。「こうして経験的検証の不可能な教義やイデオロギーをめぐる論争は、どうしても人間あるいは人間集団を丸ごと引き入れるような磁性を帯びることになる」。そうした論争は、打算と無縁な真理の追求であるがゆえに、おたがいの妥協を困難なものにする。しかもそうした真理へのコミットメントが、単一の教義を共有することによる全会一致への志向に結びつくと、党派どうし、派閥どうしの熾烈な抗争へと行き着いてしまうのである。

丸山による分析は一面では、「多数決」への依存をのりこえ、個人による「分別」の意義を説いた、和辻の『甲陽軍艦』論をさらに深めたものと言えるかもしれない。戦後になってデモクラシーが常識化した日本社会に、同質な者どうしの結合を自明とみなし、競争関係にある他集団を一方的に排除する病理の蔓延を、丸山は見た。その多数決、全会一致への志向が、一つの「真理」への追求と重なったとき、最悪の相互抗争と社会の分裂が導かれるのである。

しかし丸山は、だから「真理」の追求などはあきらめ、棚上げしたまま、とりあえず共存していればよいといった姿勢をとらない。先にふれた「人間あるいは人間集団を丸ごと引き入れるような磁性」に関する言及は、さらにこう続いている。

それは、関与者の知的・道徳的水準によっていかようにも矮小化され、あるいは醜悪な相を帯びるかもしれない。しかし教義＝イデオロギー論争のすさまじさを単に嘲笑し、あるいは自分はそうした厄介な問題には無縁だと信じられるのは世界観音痴だけである。その凄絶さから目をそむけずに、右のような磁性に随伴する病理をいかに制御するかが、およそ思想する者の課題なのである。(『丸山眞男集』第十一巻、二四六頁)

崎門の儒者たちは、世俗における成功とは無縁な外来思想としての朱子学を真剣に学び、唯一の真理としての「聖人の道」を、真剣に追求し、自分自身の行動の一切を律する規律として主体的に実践しようとした。それは、朱子学が体制教学として確立し、士大夫であれば誰しもが学んで当然だとされる社会では起こりにくい、強烈なコミットメントと言えるかもしれない。その結果が崎門のうちの深刻な「内ゲバ」を呼んだのだが、それを傍観者的に冷笑する態度もまた、丸山の批判対象となっている。普遍的な真理を追求する姿勢をねばり強く維持しながら、異論や少数意見に対する寛容を維持するには、どうしたらいいのか。――戦後日本の社会と、和辻・丸山の議論とをつきあわせると、そんな問いが浮かびあがってくる。「闇斎学と闇斎学派」の結びの言葉はこうである。

　この行き過ぎによって闇斎学派は、日本において「異国の道」——厳密にいえば海外に発生した全体的な世界観——に身を賭けるところに胎まれる思想的な諸問題を、はからずも先駆的に提示したのではなかったか。そこに闇斎学派の光栄と、そうして悲惨があった。

（前掲書、三〇七頁）

六章　「古学」へのまなざし——伊藤仁斎・荻生徂徠

1　「古学」の発見

明治時代の末に哲学者、井上哲次郎は、『日本陽明学派之哲学』『日本古学派之哲学』『日本朱子学派之哲学』と、徳川思想史の三部作を刊行している。第五章でも紹介したように、近代における徳川思想史の学問研究は、ここから出発したと言ってもよい。徳川時代には公儀や大名家によって朱子学が「官学」に採用され、それに対抗する形で、陽明学と古学、二つの学派が生まれた。三部作の表題にも表われているように、この三学派が並行しながら続いてゆく歴史として全体像を描くのが、井上による徳川思想史の特色である。

井上による三部作の影響は、先にふれたように、いまでも日本史や倫理の高校教科書に大きく残っている。たとえば、前章でも紹介した日本史教科書（二〇一二年検定版）は「儒学の興隆」という節を立てて、やはり朱子学・陽明学・古学を三つの「学派」として紹介する。そのうち「古学」に関する説明はこうである。

一方、外来の儒学にあきたらず、孔子・孟子の古典に直接立ち返ろうとする古学派が、山鹿素行や伊藤仁斎らによって始められた。仁斎らの古学を受け継いだ荻生徂徠は政治・経済にも関心を示し、都市の膨脹をおさえ、武士の土着が必要であると説いて、統治の具体策を説く経世論に道を開いた。

「古学」とは、中国古典の用語としては「古文学」、すなわち漢代に始まった、先秦時代に使われた字体によって伝わっている経書を重視する学問流派のことを指す。だがここで言う「古学」はそれとは異なる日本独自の概念である。近世の東アジアでは儒学の標準的解釈として流布し、科挙の出題の前提となっていた朱子学に対して、儒学の古典の本来の意味を明らかにし、そこで明らかになった道を実践しようとする学派。山鹿素行・伊藤仁斎・荻生徂徠はそれぞれに朱子学に対して疑問を抱くようになり、朱熹《しゅき》の注に頼って経書を読むことをやめ、経書の本文そのものだけを読む作業を通じて、儒学思想の本来の内容を明らかにしようと努めた。「古学派」という教科書の、そして井上哲次郎の説く分類名は、伊藤仁斎が『論語』『孟子』

の「古義」を明らかにしようと自称し、その没後に「古学先生」という謚号で呼ばれたことに由来するのだろう。「孔子・孟子の古典に直接立ち返ろうとする」という特色が、仁斎だけでなく素行・徂徠にも共通することはたしかであり、その意味で「古学派」と命名することも的はずれとはいえないだろう。

だが、素行・仁斎・徂徠の三人のあいだに師弟関係があったわけではない。徂徠はたしかに仁斎の著書を読み、その経書読解の方法に学びながらみずからの学問を形成したが、両者の思想のあいだには共通性よりも違いの方が目立つ。教科書ではいまだに「古学派」という分類が継承されているが、現在、専門の思想史研究者でこの概念を用いて仁斎や徂徠を論じている人はいない。井上哲次郎ののち、百年以上も研究が蓄積されて、個別の思想家に関する理解が深まっているのだから、当然と言えば当然のことであろう。

井上哲次郎が「古学派」という概念をくくり出したのは、それ以前の、たとえば徳川時代後半の儒者による学派の分類を根拠にしている可能性もある。明治時代前半に刊行された、田口卯吉『日本開化小史』（一八七七年〜一八八二年）の第十二章「徳川氏治世の間に世に顕はれたる開化の現象」では、「朱子学」と「復古学」の項目が立てられ、後者では伊藤仁斎・荻生徂徠とそれぞれの弟子たちを挙げている。山鹿素行は「朱子学」のなかに収められており、陽明学についてはまったく言及がない。「復古学」もしくは「古学」という分類項目は田口以前からあったのだろうが、朱子学派・陽明学派・古学派という三分類は、井上による独創であったかもしれない。

だがここで特徴的なのは、「古学派」についての井上の評価であった。三つの学派のうち、井上がもっとも高い評価を示しているのは陽明学である。第五章で紹介したとおり、もっとも「日本化」しやすい性質をもち、現代における「国民道徳」の養成にも役立つ儒学思想。井上はそう評価したがゆえに、三部作のうちでも陽明学の巻を真っ先に刊行したのであろう。

「古学派」についても、井上はその「日本的」な特色に注目する。『日本古学派之哲学』の「叙論」では、戦国時代の動乱が収まり、徳川氏による平和な治世が確立した結果、「文学の復興」即ち「ルネッサンス」が到来したことが、儒者を多く生み出したと説いている。そしてそのルネッサンスのなかで、朱子学・陽明学に比べて「更に進歩せる生面」を切り開いたのが「古学」にほかならない。ここに言う「文学」は学問一般のことを指すが、「古代の学」への「復帰」を通じて新たな思想を打ち出す試みとして、西欧のルネサンス期における人文主義と似たものと理解していることは、明らかであろう。

そして、朱子学が「寂静主義」に陥る傾向をもつのに対して、素行・仁斎・徂徠の三者の思想はみな「活動主義」を主張してそれを批判したと位置づける。つまり、目に見えない理の探求へと集中しがちな朱子学に対して、山鹿素行は儒学と兵学との総合を試み、伊藤仁斎は「個人的道徳の実行」を強調し、荻生徂徠は「功利主義」によって政治の改革にむけて提言を行なった。そうした実践志向は、井上に言わせればまさしく「日本民族特有の精神」なのであり、現在にも十分通用するものであった。

陽明学に関する評価と同じように、井上による価値づけの要点は、儒学の思想家でありながら、どれだけ「日本民族特有の精神」をそのなかに反映させているかである。「叙論」のなかで、「独り素行は其古学に関する学説を祖述するもの少きを以て未だ仁斎徂徠の如く強大なる古学派を成すに至らざるのみ」と指摘しているにもかかわらず、山鹿素行を「古学派」の一派として含めているのも、その思想が武士道と儒学の融合を試み、日本的な性格の強いものだったためだろう。

『日本古学派之哲学』ののちの版（参照したのは一九四五年の第二十五版）には、附録の一つとして「我国古学派の特色」という文章が収められているが、そのなかでは徂徠が「出来る限り日本的の色彩を避けて、純然たる支那古代の原始儒教を研究し、其精神を継承する心懸」をもっていたのに対し、素行は「儒教をすっかり日本風に同化して武士道の精神を以て之を運用する立場を取つた」と述べている。そして仁斎は「大分日本風の処がある」としながらも「どちらかと云ふと支那風が勝つて居る」と指摘する。朱子学においては林羅山や山崎闇斎のように神道との融合を試みる儒者が登場した。陽明学は井上の理解ではもっとも「日本化」しやすい儒学思想である。「古学派」においてもそうした日本化が進行したことを強調するために、山鹿素行を仁斎・徂徠に加え、三大学派として「古学派」を構成したのだろう。

ここでは伊藤仁斎と荻生徂徠に着目して、和辻哲郎と丸山眞男が彼らの思想をどのように解釈したのかを振り返ることにする。ただしその前に、両者の生涯を概観し、印象ぶかいエピソードを紹介してみよう。

徳川時代の多くの儒者たちについての逸話を集めた、原念斎『先哲叢談』（文化十四・一八一七年ごろ刊行、源了圓・前田勉訳注、平凡社・東洋文庫、一九九四年）には、京都の近衛堀河（東堀川通下立売上ル）で塾を開いていた伊藤仁斎（寛永四・一六二七年〜宝永二・一七〇五年）について、次のような話を伝えている。

ある夜、仁斎が京都の郊外を歩いていたことがあった。すると追いはぎの強盗が四、五人、道に立ちふさがって、それぞれ刀を抜いて言った。「おれたちは酒でも飲まなければおもしろくないんだが金がない。おまえが胴巻きに入れている金を渡せ。金がないのなら着物を脱いでよこせ」。これに対して仁斎は動じず、顔色も変えずに答えた。「今日はたまたま金を持っておりません。ぼろぼろの着物ですが、これでもよければ脱いでさしあげましょう。ところで、あなた方は何のお仕事をなさっているのですか」。強盗は答えて、「夜中に歩き回って、強盗して飯の種にする。おれたちの仕事はそれだ」。仁斎はこれに対して言った。「ああ、そういうお仕事をなさっているのですね。それならばお断りする理由がありません」。すぐに服を脱いで与えて立ち去ってしまおうとした。驚いた強盗が、それを止めて言う。「おれたちはもう何年も追いはぎで生活している。しかしあなたのように対応する人には会ったことがない。そもそもあなたはどういう方ですか」。仁斎は「儒者です」と答えた。強盗は「儒者とはどういうお仕事でしょう」と質問する。仁斎はこう答えた。「人の道を人に教える者です。人の道とは、親に対しては孝、年長の兄弟に対しては弟《てい》、すなわち従順な態度をとり、一日も廃してはならないものです。もし人であっても道を行なっていないなら、それは禽獣と同じです」。その言葉が終わらないうちに、強盗はうなだれ、泣きながら言った。「あなたと私たちは同じ人間なのに、やることがこんなにかけ離れていて、恥ずかしい。お願いしますが、私たちの罪をお許しください。これから灰を飲んで腹のなかをきれいにし、謹んであなたの門下で教えを受けようと思います」。そして強盗はみな心を改めて、仁斎の塾で学問に励んだという。

同じ『先哲叢談』に、中江藤樹の項にも同じような話が載っているから、儒者の人格の立派さを強調するためのフィクションなのだろう。だがこれは、仁斎の人柄と学問の性質をよく表わした物語とも言える。伊藤仁斎は京都の豊かな商家に生まれ、長男として家業を担うことを期待されていたが、その道を拒んで学者として身を立てようとめざした。当初は朱子学に打ち込み、精神をひたすら集中する「敬」の修業に励んだ。

だが、やがて朱子学の方法である目に見えない「理」の追求が、大きな誤りであると自覚して、独自の儒学思想の構築へとむかい、近衛堀河の実家で塾を開設するに至る。その方法は、『論語』『孟子』『中庸』といった儒学の主要な経書を読むさい、朱熹による注を手びきにするのではなく、経書の本文のみを熟読し、その本来の意味すなわち「古義」を明らかにするというものであった。仁斎の見るところ、朱子学は仏教・道教の思想の影響を受け、儒学の「道」を深遠な「理」として理解するという誤謬に陥った。そしてその理を、人間世界と自然界の双方を貫ぬく法則と考えて、世界観の根本にすえたのである。

これに対して、『論語』や『孟子』で「道」として説かれているのは、あくまでも「人道」すなわち人と人との交わりのなかで働いているモラルのみだと仁斎は喝破する。その内実をなすのは、「卑近」で具体的な徳の行ないであり、それは誰もが簡単に実践できる。この「道」の本質を、天地自然をも動かす抽象的な理と考えたところに、朱子学の誤りは始まった。それは、人の意識を目に見える他者との交わりから遠ざけ、仏教の悟りのような「高遠」な境地へと追いやってしまう、危険な罠なのである。一言で簡単に説明でき、無知な強盗たちをもたちまちに惹きつける「道」。先の逸話は、仁斎が説いた儒学思想の簡潔さ、親しみやすさをよく表わすものになっている。

仁斎が京都の町人たちの社交の世界のなかに生き、そこでおたがいに接するさいの作法のなかに「道」の内実を見たとすれば、荻生徂徠（寛文六・一六六六年〜享保十三・一七二八年）はさらにまた別の領域に「道」をすえたと言える。江戸の出身で、しかも祖父・父親は医者であるが、もとは武士の家系であるのを誇りにしていたことも、仁斎とは対照的である。

徂徠もまた、当初は朱子学から出発しながらその批判に転じて、儒学の本来の思想を復元することに精力を傾けた。その方法は、中国古代の言語、すなわち「古文辞」を正確に理解することに努め、そこから経書——徂徠は六経《りくけい》（詩・書・礼・楽・易・春秋）をその中心にすえる——の意味を明らかにするものである。徂徠の理解によれば儒学の「道」とは、偉大な統治者であった中国古代の「聖人」すなわち「先王」たちが、人々を安らかに生活させるために作った、秩序化のための「制度」の総体である。そして後世の統治者たちも、六経に記された内容を標準として、それぞれの時代にみあった「制度」すなわち礼楽刑政を作って人々の支配にあたると説く。仁斎とは対照的に、徹底して統治者の視点から儒学を体系化したのであった。

『先哲叢談』はこんな逸話を紹介している。ある人が、「徂徠先生、学問のほかに好きなことは何ですか」と質問した。それに答えて、「特にほかの趣味などない。ただ、炒り豆をかみながら、「宇宙間の人物」を批評し悪口を言うくらいだ」。——自分こそが真に「道」を明らかにしたという高邁な自負を抱き、高みから世界のあらゆる人物を見おろすような態度。他面で徂徠は人々の多様性を認め、多少欠点のある人物も大らかに包容する姿勢をとったが、基本としてはそうした上からの視線を維持し続けたのであった。

2 「鎖国」のなかの日本儒学

先にもふれたように和辻哲郎の日本倫理思想史研究は、その発表の体裁をいったん組み直している。最初は論文「尊皇思想とその伝統」(初出は『岩波講座倫理学』第一冊、一九四〇年)を皮切りにして、岩波書店の雑誌『思想』や『岩波講座倫理学』に多くの論文を寄稿する形で、公刊が進められた。それをまとめた著書の第一弾は、正確に紹介すれば『尊皇思想とその伝統——日本倫理思想史第一巻』(岩波書店、一九四三年)と題されている。全四巻となる予定であったが、この形のシリーズは結果としてこの第一巻を刊行したのみに終わっている。

全四巻の内容構成は、『尊皇思想とその伝統』の前篇第三章「尊皇の道」の末尾で述べられている。それは、日本思想史において長い時代を通じて流れている倫理思想の伝統として、四つの流れを指摘し、それぞれに一巻づつをわりふるものであった。第一巻はこの本で扱っている「尊皇の道」であるが、その内実は同時代の「日本精神」論が唱えたような、天皇に対する絶対忠誠の精神とはやや異なる。和辻の考えではそれは「精神的協同体としての民族的全体性の自覚」である。すなわち、おたがいに同じネイションに属しているという紐帯を感じることで、「民族」の一体性が生まれる。そしてその一体感を具体的に「表現」したものが「天皇の神聖性」に対する崇敬であると和辻は説いた。

そして予定されていた第二巻は「社会的正義の尊重」である。これは本書では『神皇正統記』に関連して紹介したように、「正義の実現としての人倫的国家の構成」をめざす思想伝統であった。第三巻は「人間の慈愛の尊重」。律令国家が掲げた「仁政の理想」にはじまり、鎌倉新仏教の「慈悲」の思想、さらに「武士の生活における恩愛の情と献身的な奉仕」に至る。この第二巻、第三巻は、和辻の論文「人倫的国家の理想とその伝統」(『岩波講座倫理学』第六冊、一九四一年)、「献身の道徳とその伝統」(同第三冊、一九四〇年)にそれぞれ基づいて構成するつもりだったと推測できる。

第四巻は「清さの価値の尊重」であるが、その内容は多岐にわたる。記紀の「神代史」では「清明心」として登場する「正直」の倫理、戦国時代の武士の「気節を尚び廉恥を重んずる道徳」、徳川時代の儒学を基盤とした「君子の理想と武士の道との密接な結合」、町人がめざした「正直」の道。そうしたさまざまな思想の中に、「神代史」から一貫した系譜を読みとろうと考えていたのであろう。徳川時代の武士・町人の倫理については、論文「武士道」(『岩波講座倫理学』第十二冊、一九四一年)、「町人道徳」(同第十三冊、同年)を公刊している。

こうして当初、和辻は四部構成のテーマ別通史として日本倫理思想史を構成しようと考えていたが、戦後に『日本倫理思想史』上・下（岩波書店、一九五二年）を執筆したさいには、全体を一本の通史の形にまとめ直している。これはおそらく、儒学思想が第二巻・第三巻・第四巻と三つの巻で重複するなど、テーマ別にわけて提示することが不適切な例が、いくつも生じてしまったせいなのだろう。

したがって近世の儒学思想の歴史は、『日本倫理思想史』では「仁政の理想」などとして整理されるのではなく、「江戸時代」の通史のなかへと組み込まれている。そして重視しているのは、やはり「鎖国」という条件である。和辻の理解では、「キリスト教の精神的指導権」が波及することが西洋による植民地化を導いたメキシコやペルーの例を、徳川家康は知っており、それがキリスト教に対する禁教と「鎖国」政策を導いた。そして同時に仏教の「精神的指導権」にも対抗するために、儒学を奨励し、それによって「武士階級の精神的指導」を行なおうとした。「鎖国」の思想的意味の大きさを強調しようとする和辻の観点からしても、朱子学の「官学」としての採用という井上哲次郎流の思想史像を維持することがふさわしかったのかもしれない。

伊藤仁斎・荻生徂徠の儒学思想に関する『日本倫理思想史』の理解もまた、「鎖国」という条件と強く結びついていた。第五篇第六章で「江戸時代中期の儒学、史学、国学等における倫理思想」を扱い、水戸光圀とその修史事業、新井白石・荻生徂徠・契沖と荷田春満《かだのあずままろ》・賀茂真淵・本居宣長といった話題をとりあげている。そして、仁斎と徂徠の「復古学」に関する評価は、案外に冷たい。

以上の如く仁斎より徂徠へと発展して、古文辞学として世間の注目をあびた復古学は、シナ古代崇拝をその枢軸としてゐる。歴史的に真実な聖人の教或は先王の道が把捉されれば、そこに絶対の真理がある。この信念は復古学の原動力であつた。しかしこのやうなシナ古代崇拝は、その崇拝を共にせざる人たちにとつては、まことに笑ふべきものに見えたであらう。ギリシア・ローマを古代と呼び、おのれたちの祖先の時代として感じてゐたヨーロッパ人の間でさへも、行きすぎた古代崇拝は時に嘲笑を買つてゐる。しかるに日本では、古代シナが文化上の祖先であるといふ意識は、近代に至つて反つて弱まつた。儒教の興隆にもかゝはらず、鎖国の状勢がそれを促したのであらう。(『日本倫理思想史』下巻、岩波書店、一九五二年、五四二頁)

ここに言う「近代」は叙述における同時代、「江戸時代中期」のことを指している。和辻は「鎖国」によって閉ざされた空間のなかで、日本独自の発展をとげた儒学思想として、仁斎・徂徠の「復古学」をとらえている。そしてその「シナ古代崇拝」を否定するところから、国学

> の思想運動が始まった。
>
> 　だから徂徠のすぐあとに現はれて来た国学者たちは、たゞにシナ古代崇拝に共鳴しないのみならず、さらに一歩を進めて、さういふシナ崇拝を正面の敵として論難し始めたのである。〔中略〕従つて国学者たちは、この否定の働きにおいて、逆に復古学の精神を奥深く吸ひ込んだ。古文辞を追究して、古典の精神をありのまゝに把捉すること、それによつて老荘や仏教などの異教の影響を徹底的に洗ひ落すこと、それが復古学の精神であるが、それはそのまま国学者自身の精神となつたのである。〔中略〕聖人の道先王の道の代りに、神話の精神が担ぎ出されるといふ、重大な結果をもたらしたのである。（同上、五四二〜五四三頁）

国学思想が荻生徂徠の「古文辞学」の方法を吸収し、「道」を探るためのテクストを儒学の経典から『万葉集』『古事記』などの日本の古典に代えることで、国学が成立した。それは村岡典嗣が『本居宣長』（一九一一年）で強調した見解である。和辻は東京帝国大学文学部倫理学科に教授として着任したのち、村岡典嗣を長らく非常勤講師として迎え、日本倫理思想史の講義（一九三五年度〜一九四三年度）を依頼している。和辻の理解では、そうした日本的な特色をもった儒学が媒介となって、国学思想が生まれたということになるのだろう。

ただし、伊藤仁斎については興味ぶかい指摘を行なってもいる。その「孔孟の思想に対する精確な歴史的認識の努力」を和辻は高く評価するが、その意義は単に古代中国の思想を明らかにしただけではない。朱子学に見られる「形而上学的な思弁」を排したことにも、重要な意義を認めるのである。「人の道」と「天の道」とを区別し、儒学における「道」とは「人の道」にほかならず、それは卑近な徳の行ないとしての「人倫日用当《まさ》に行くべきの路」であると仁斎は説いた。その試みに和辻は強い共感を示すのである。

　仁斎はかくして宋学の形而上学的思弁を脱却し、端的に孔子孟子の言に就いた。論語と孟子とが聖人の道の典拠である。さうなると儒教は明朗簡易になつてくる。がそれはこの一世紀以来、儒教を受容した日本人の求めてゐたところではないであらうか。藤樹、闇斎、蕃山、素行、仁斎と順を追うて観察して見ると、先に出たものほど形而上学的要求や宗教的傾向が強く、後に出たものほどそれを離れて人倫的関心を強めて行く。それは同時に怪力乱神を語らない孔子の明朗な立場〔『論語』述而篇〕への接近である。人間日常の平明な道のなかにこそ、永遠の道が見出されるのである。（『日本倫理思想史』下巻、四七五～四七六頁）

宗教的・形而上学的なものによって倫理を基礎づけるのではなく、目に見える人と人との交わりのなかにこそ、倫理が生きて働いているとする立場。それは和辻自身が著書『倫理学』に代表されるその倫理学の体系において説いた内容と共通する。和辻が伊藤仁斎の著作を本格的に読んだのは、おそらく倫理学体系を構想したあとの時期のことと考えられるので、仁斎の思想から示唆を受けてみずからの思想を作りあげたわけではない。だが、みずからの発想と共通する性格を仁斎の思想のなかに見いだしたがゆえに、『日本倫理思想史』では共感をこめて紹介することになったのだろう。

3 「近代的なもの」への問い

先の章でふれたように、丸山眞男がその思想史家としての出発を飾った論文「近世儒教の発展における徂徠学の特質並にその国学との関連」（一九四〇年）は、徳川時代において、朱子学が公儀の保護する「官学」であったという、井上哲次郎流の時代像を前提にして、徳川時代の儒学・国学思想の展開をたどった作品である。戦後には著書『日本政治思想史研究』（一九五二年）にまとめられ、多くの研究に示唆を与える先行業績になった。助手の三年の任期の終了時に書き上げる、いわゆる助手論文として一九四〇（昭和十五）年の二月から五月にかけて、『国家学会雑誌』五十四巻二号から五号まで、全四回で連載されている。

この論文の構想にも、村岡典嗣による本居宣長研究が影響を与えている。荻生徂徠による古文辞学の方法が、反対に儒学を批判する本居宣長の国学を生んだ。和辻と同様に、その逆説的な展開については村岡典嗣『本居宣長』（東京女子大学の丸山眞男文庫には、一九二八年に岩波書店から出た増訂版が収蔵されている）から学んだことを、のちに『一橋新聞』に掲載されたインタビューで明らかにしている。

もう一つには、研究開始の当時国学の評価が高く、また羽仁氏や村岡氏のすぐれた研究があった。本居宣長などは儒教の欺瞞性を容赦なく暴露しているが、私は当時の「教学」に対する反発もあって共感したわけです。村岡氏は、なぜ徳川時代に国学のような考えが出てきたのか研究しています。そこで彼は宣長は徂徠を批判的に受けついだのだと言っていた。そこで徂徠に興味をもった。読んでみると大変面白い。（「普遍の意識欠く日本の思想——丸山眞男氏を囲んで」一九六四年、『丸山眞男集』第十六巻、岩波書店、一九九六年、五一頁）

　助手論文そのものにおいても、第四章第二節で徂徠と宣長との連関を指摘するさいに、注で「徂徠学の国学への影響は夙《つと》に先学の指摘するところである。宣長学の解説書として古典的地位を占める、村岡典嗣「本居宣長」（明治四十四年初版）は、この関連を纏まった形で述べた点でも恐らく先駆であろう」（『丸山眞男集』第一巻、二七四頁）と、村岡の著書を「先駆」として挙げている。だが同じ注では、津田左右吉『文学に現はれたる国民思想の研究　平民文学の時代』中巻（一九二一年）の意義を強調している。村岡の評価は、「儒教古学派」は国学の思想的系譜の「有力な、しかしあくまで一つの構成要素」であるとするものであったが、津田はさらに「徂徠学が国学の形成に決定的に参与した」と指摘した。それが、丸山が村岡よりも津田の方を先行研究として重視する理由である。

　村岡の『本居宣長』は、本居宣長の思想形成に関して「漢学の方面で、当然彼が〔堀〕景山や〔武川〕幸順等の塾で学んだ儒学の教科書以外に、多く儒学者の著述をも読み、その中には徂徠をはじめ古学派の書もあつたことは徴証すべきものがある」（一九二八年増訂版、四三一頁）と述べ、堀景山――朱子学と徂徠学の折衷の立場をとっていた京都の儒者である――を通じて徂徠の学問にふれ、みずからも「古学派」の儒者の著作を読んでいたと指摘している。ただ、『万葉集』注釈の仕事によって国学の祖とされた契沖の著作に、やはり堀景山を介して接したことを、「一層特筆すべき」点として並記する。その点だけを見れば、村岡は「古学派」

を「あくまで一つの構成要素」としてしかとらえていないという丸山の理解も、根拠のないものではない。

だが村岡の著作は、宣長の思想形成を論じる前に一章（第二編第六章）をさいて「近世の古学」を論じ、仁斎・徂徠の思想が荷田春満、賀茂真淵の両者に与えた影響を指摘しているのである。むしろ国学思想研究として春満、真淵、宣長の思想系譜を詳細に説明したがゆえに、「古学」の影響に関する言及が分散したと見るべきだろう。津田よりも先行する村岡の業績に対する過小評価のようにも思える。

おそらくこれには、津田左右吉に対する丸山の思いが反映して、津田の評価をひきあげたという要因もあったのではないか。丸山の助手任期の三年めの一九三九（昭和十四）年十月に、東京帝国大学法学部では「東洋政治思想史」の初めての講義が開講された。南原繁が丸山を助手に採用したのは、もしも助手論文が優秀であれば、助教授に採用し、「東洋政治思想史」講座（政治学政治学史第三講座）を担当させようという意図によるものであった。その講座の初代講義担当者に、早稲田大学に勤めていた津田を非常勤講師として呼んだのも、同時代に横行する「日本精神」賛美とは異なる、日本思想史の学問的な研究・教育の場を作りたいという企図が働いていた。

しかしこの講義が、津田の運命を暗転させることになる。同じ年の暮に行なわれた講義の最終回には、右翼の活動家たちが入りこみ、「質問」の形を装って、津田の学問は日本の「國體」に背くものだという論難を続けた。講義に出席していた丸山も反論に加勢し、その日は暴力沙汰にもならずにすんだが、翌日に国家主義団体、原理日本社の機関紙が津田の講師招聘を不祥事として弾劾する記事を載せる。それに政府も呼応して、翌年一月には文部省の要求によって津田は早稲田大学を辞職させられ、二月にはその四つの著書が発禁処分となり、三月には出版法違反で起訴された。

助手論文のうち、村岡と津田について言及した注を含む回が載った『国家学会雑誌』が出たのは一九四〇年五月であるから、執筆は四月の上旬から中旬と考えられる。また、一九四〇年度からは村岡典嗣が津田の後任の非常勤講師として「東洋政治思想史」を担当することになるが、その講義が始まるのは四月十八日（東北大学史料館に収められた村岡の講義草稿にある日付）なので、論文を書いたときにはまだ村岡と面識がなかった可能性が高い。自分の目前で起きた事件によって苦難に陥った津田を、立派な学者として弁護したいという心情が、丸山の筆致に深い影響を与えたのだろう。

丸山の助手論文は、朱子学の「思惟様式」に対して荻生徂徠が転換を試み、その新たな「思惟様式」が本居宣長の国学に継承された過程に、「近代意識の成長」を展望するものであった。朱子学、さらには伝統的な儒学思想は一般的に、政治と道徳とを連続したものとしてとらえる。

それは、徳の高い者が天命を受けて統治者の位置につき、人々のあいだに秩序をもたらすだけでなく、究極的には道徳的にも向上させるという政治像——和辻哲郎が「人倫的国家の理想」としてとらえたもの——と密接に関連するものであった。

これに対して徂徠は、個人の道徳の領域と、政治の活動の領域とを截然と切り分けた。たとえばその政策提言の書『太平策』で、「民ヲ安ンズベキコトナラバ、イカヤウノコトニテモ行ハン」という態度こそが、本当の意味での仁君と言えると徂徠は説いた。これを丸山は「安民」という政治目的のためには道理にはづれてもいい」という主張ととらえ、「政治の個人倫理の束縛からの赤裸々な解放」を見いだしたのである。一方で秩序全体の安定にかかわる政治の営み、他方で個人の倫理が働く「私的＝内面的生活」。この両者がはっきりと分立し、それぞれに固有の価値が認められることが、近代西洋の思想と共通する「近代的＝市民的なるもの」の特徴なのである。その成長の萌芽が、荻生徂徠を生み出した「古学派」の儒学思想にはあった。

朱子学と「古学」とをめぐる徳川思想史の図式を、丸山の助手論文はそのように描きなおした。

丸山眞男による荻生徂徠研究については、助手論文に続く第二作「近世日本政治思想における「自然」と「作為」——制度観の対立としての」（一九四一～一九四二年）で、今度は秩序の基礎づけという側面に関して、徂徠学がもたらした「思惟様式」の転換を描きだした仕事が有名であるが、ここではふれないことにして、代わりに丸山がのちのちまで、荻生徂徠の思想に見られる「近代意識の成長」に、強い関心を示していたことをとりあげたい。

一九八二（昭和五十七）年六月に、四年前から日本学士院の会員となっていた丸山は、そこで「江戸時代における「異端」の意味論」と題する論文報告を行なった。その録音速記が『丸山眞男話文集』第三巻（みすず書房、二〇〇八年）に収められている。『論語』為政篇には「攻乎異端、斯害也已」という孔子の言葉がある。朱子学をはじめとする通常の解釈は、これを「異端を攻《おさ》むるは斯《こ》れ害のみ」とよんで、儒学ではない老荘思想や仏教などの「異端」の思想を学んではいけないという戒めと理解していた。

ところが徂徠は著書『論語徴』で、古文辞においては「攻」はあくまでも攻撃の意味であり、「異端を攻《せ》むるは」と読むのが正しいと主張する。統治者は、もしも異心を抱く者が現われたとき、それを激しく攻撃してはいけない。きびしく取り締まれば、ますます彼らの反感が高まり、収拾のつかない混乱状況に陥ってしまうだろう。――政治権力の営みのもつ固有の意義を認めながら、しかしその支配下では多様な主張の発表を認めること。そうした「近代的＝市民的なるもの」を構想した儒者としての徂徠の像は、晩年まで丸山の思想に生き続けたのであった。

七章　国学思想と「近代」

1　本居宣長と平田篤胤

徳川時代に確立した学問・思想運動としての「国学」について、現代の歴史事典ではこういう説明がなされている。「和学・古学・皇朝学・日本文献学などとも称した。古代の文献によって儒教・仏教渡来以前の日本独自の思考を、古今を通ずる日本人の基本の道（古道・神ながらの道）として捉えることを目的として、この古代の文献を文献学的方法によって研究する学問」（阿部秋生執筆「国学」、『国史大辞典』第五巻、吉川弘文館、一九八五年）。

徳川の治世で太平が続くなか、全体傾向としては経済面でも文化面でも豊かになってゆく社会において、朱子学がゆっくりと普及し、仁斎学や徂徠学のような朱子学批判の儒学も流行する過程で、儒学は幅広い階層の教養として定着していった。前章で見たように、仁斎や徂徠が提起したテクスト読解の方法を、日本の古典へと転用し、そのなかに表現されている日本古来の「道」を再認識しようとする学問流派、それが国学である。先の引用に見えるように、その追究する「道」とは、儒学・仏教を受容する前から日本に存在していた「古道」であるとともに、神々の時代に由来する「神ながらの道」でもあった。

契沖のように前の時代に日本古典の研究に努めた知識人たちも、やがて国学の先駆者として位置づけられるようになるが、国学が学問・思想として確立するようになるのは、徂徠学の影響も受けながら登場した、荷田春満・賀茂真淵・本居宣長といった学者たちによってである。とりわけ、本居宣長（享保十五・一七三〇年〜享和元・一八〇一年）は伊勢松坂を拠点にして、多くの門人を育て、著作も広く読まれた国学の大成者であった。同じ歴史事典の「本居宣長」項目は、その業績についてこう説明している。

その学問と思想は、柔軟な人間観、徹底した思索、博捜の実証主義が発揮された側面においては、今日の国文学・国語学・国史学の研究にもなお刺激を与える偉大な業績を挙げているが、非合理的な側面においては、幕末から明治にかけて、偏狭な国粋主義に根拠を提供するという禍根を残した。宣長以後は、この膨大な体系をよく一人で支える門人はなく、文学説は石原正明・藤井高尚など、語学説は本居春庭・鈴木朖《あきら》など、古道説は宣長没

後の門人を自称する平田篤胤などと、分割して継承された。(日野龍夫執筆「本居宣長」、『国史大辞典』第十三巻、一九九二年)

宣長のライフワークであった『古事記』の注釈書、『古事記伝』(全四十四巻四十四冊、寛政二・一七九〇年〜文政五・一八二二年)が現在においても『古事記』の研究で参照されているように、その「実証主義」に貫ぬかれた著作は高い評価を与えられている。しかし同時にその学問・思想における「非合理的な側面」が、やがて「偏狭な国粋主義」へとつながったとする。厳密な実証性・論理性と「非合理」な信仰との共存。これは宣長の思想を論じるとき、しばしば問題にされる二つの側面である。そして宣長没後の門人を「自称」する平田篤胤によって、後者の面から「偏狭な国粋主義」へとつながる路線が敷かれた。どうやらそう評価しているように、この項目は読める。

もちろん、宣長の思想にすでに表われている「国粋主義」の傾向を批判的に論じる研究も、戦後には少なくない。しかし一般の傾向としては、宣長に関しては中学・高校の国語や歴史の教育でも、学問の先駆者としてその名前が紹介され、評価が社会に広く定着している。古典文学全集の類にもしばしば宣長の著作が収められているし、石川淳や小林秀雄のように、高名な作家が文学評論として宣長の思想を論じた例もある。

これに対し平田篤胤（安永五・一七七六年〜天保十四・一八四三年）に関しては、近年になってその妖怪研究や、死後の「霊」のゆくえに対する関心、幅広い知識に注目した論考が現われているが、一般への知名度は宣長に比べるとずっと低い。それはやはり事典項目に見えるような、国学を「偏狭な国粋主義に根拠を提供する」方向へと導いた人物としての篤胤に対する評価の低さが、長らく続いているせいなのだろう。たとえば戦後、篤胤の著作が校訂・書籍化された点数は、宣長に比べてずっと少ないはずである。

しかし、昭和の戦前・戦中期においてはそうではなかった。宮地直一・佐伯有義監修『神道大辞典』（平凡社、一九三七〜四〇年）の「国学」項目は本居宣長について、その「学問的中心は『古事記』研究にあつたのであり、彼の『古事記』研究により国学の理想は学的に完成したと見ることが出来る」と、やはり「国学の理想」の頂点に位置づけている。そして同時に平田篤胤を、契沖、真淵、春満、宣長と続く国学の発展史の順当な継承者として紹介するのである。

宣長に於て学問的には到達し得るところまで到達した後をついだ平田篤胤は、宣長学に対する多少の修正増補と共に、これを整頓して一般化し、実際運動たらしめた。宣長が『古事記』を中心としたのに対して、篤胤が『日本書紀』をも重んじ、それ等を綜合して『古史成文』を作り、その註釈なる『古史伝』を作つたのは、宣長学の増補であり、学的展開であるが、一方に『古道大意』その他の講義によつて一般化し、普及化したのは国学の実際化といふべきである。（宮地直一・佐伯有義監修『神道大辞典』第二巻、平凡社、一九三九年、二二五頁）

本居宣長と平田篤胤は、ともに国学者として活躍しながら、きわめて対照的な人生を送っている。宣長は伊勢松坂の裕福な商家に生まれている。家業を継ぐか、それとも念願の学問の道へ進むかといった葛藤に、若い頃に悩まされた経験はあったにせよ、後半生は医者として、また学者として順風満帆な生活を送ったと言ってよい。

これに対して篤胤の方は、秋田藩の大番組頭の四男であり、現代風の言い方をすれば児童虐待を親から受けながら学問へと志をむけていた。そして二十歳のときに脱藩して江戸へ移り、大八車引きや火消しなど、下層の職業を転々としたのちに、宣長の学問にであって国学者となったのである。しかも晩年には暦の研究を公儀から咎められ、国許退去と著述禁止の処分を受けている。宣長門下への入門が「自称」とされるのは、宣長の没後にその息子、春庭に入門し、没後門人の扱いを受けたことによるものであり、勝手にそう名乗ったわけではない。

だが、『神道大辞典』が説くように、篤胤の著作が宣長の古典研究に対する「多少の修正増補」にとどまるものであったかどうかは疑わしい。宣長も篤胤も、日本の神々の時代に存在した「道」は、世界万国が従うべき唯一の正しい道であるが、諸外国ではそれが忘れられたと考える。したがって宣長は、古代の日本語を伝える文章によって記された『古事記』を解読することを通じて、その「道」を明らかにできると信じ、そのテクストの意味するところを実証的に明らかにすることに生涯を捧げたのである。

しかし、篤胤はそこからさらに踏みだそうと考えた。神々の「道」が本来は世界の全体にゆきわたった普遍的なものならば、中国やインドの文献に、日本では失なわれた「道」の断片が残っているのではないか。そう考えたために、中国風の「漢意《からごころ》」の混入が激しいとして宣長がその価値を貶めた『日本書紀』もまた、篤胤は重視する。そして記紀を中心に、中国の儒学・道教の文献や仏典も参考にしながら再編集して、「道」を学ぶべき古典テクストを作るという作業を行なった。その産物が『古史成文』（一八一八年）であり、さらにその注釈書として厖大な『古史伝』（一八八七年、門弟らによって刊行終了）を著わしている。

したがって、テクストの厳密な研究という視点から見るかぎり、篤胤の著作は、宣長の「修正増補」というより、独自の創作物と呼んだ方がふさわしい。そうした側面に目をつぶって、篤胤を正統な継承者として位置づける『神道大辞典』の記述を、そのまま受けいれる研究者は現代ではまれだろう。

この篤胤に対する評価は、むしろ国学を「実際運動たらしめた」という点に注目するところに由来すると思われる。徳川末期・明治初期には、篤胤の門流から勤王の志士が輩出し、また篤胤の養子、平田鉄胤《かねたね》や孫弟子にあたる福羽美静《ふくばびせい》のように、明治政府の初期に官員として入り、神道国教化政策を進めた人物も出た。

そうした尊王運動の起源として国学を高く評価するのは、一九三〇年代には政府の公式見解でもあった。岡田啓介内閣が美濃部達吉の憲法学説を「國體」に反するものとして弾圧したあと、國體明徴運動の一環として刊行・配布した『國體の本義』（文部省発行、一九三七年三月）には、以下のような記述がある。その原稿は、東京帝国大学文学部国文学科の教授を務めた、久松潜一が中心になってまとめたものである。

国学は、文献による古史古文の研究に出発し、復古主義に立つて古道・惟神《かむながら》の大道を力説して、国民精神の作興に寄与するところ大であつた。本居宣長の古事記伝の如きはその第一に挙ぐべきものであるが、平田篤胤等も惟神の大道を説き、国学に於ける研究の成果を実践に移してゐる。徳川末期に於ては、神道家・儒学者・国学者等の学統は志士の間に交錯し、尊皇思想は攘夷の説と相結んで勤皇の志士を奮起せしめた。実に国学は、我が國體を明徴にし、これを宣揚することに努め、明治維新の原動力となつたのである。（『國體の本義』七八頁）

大日本帝国憲法を中心とする当時の日本国家にとって、「明治維新」の物語はいわばその建国神話である。その物語を支配する「原動力」として「勤皇思想」を評価するならば、志士たちに「國體」に関する知識を提供した国学は、「国民精神の作興」に努めた思想潮流として、賞賛に値する。本居宣長の後継者として篤胤のみ名前が挙がっているのは、そうした「明治維新の原動力」に対する関心ゆえのことだろう。こうした「國體」への信仰が崩壊した戦後の日本で、篤胤に関する評価が急速に下がり、忘れ去られていったのは、一面で当然のことであった。

2　戦時下の国学論争

久松潜一は一八九四（明治二十七）年生まれで、和辻の七年後、一九一九（大正八）年に同じ東京帝国大学文科大学を卒業している。衣笠正晃の論文「国文学者・久松潜一の出発点をめぐって」（法政大学言語・文化センター『言語と文化』五号、二〇〇八年一月）によれば、やはり同じ東大の国文学科の教授として制度としての近代国文学を確立させた芳賀矢一に学んだ、いわば第二世代にあたる。卒業論文で契沖をとりあげてから、国学研究を主要な専門領域の一つとしていたが、それはウォルター・ペイターのルネサンス論を参考にしながら、徳川時代の国学にも、西欧のルネサンスと同じ人間性の解放の動きを読み取ろうとするものであった。同じくペイターの愛読者であった和辻とも似た問題関心をもっていたと言える。

しかし、同じ東京帝国大学文学部の同僚教授であり、また『國體の本義』の編纂委員として席を並べていたにもかかわらず、和辻哲郎の平田篤胤に対する評価は、きわめて冷たい。たとえば戦後に刊行した『日本倫理思想史』は第六篇第一章「明治維新」で、一八七二（明治五）年の学制頒布にふれ、その年から明治政府による「いわゆる文明開化の政策」が急速に進められ、それまで政府内で神道の国教化を進めようとしていた「平田派の国学者などの発言権が著しく後退した」ことを指摘している。同時にそこで、昭和戦前・戦中期の経験についてこう語るのである。

　これ［学制］はフランスやアメリカに学んだ教育制度であつて、新らしい日本の精神的指導権を握らうと努力してゐた平田派の国学者たちに、徹底的な打撃を与へたものである。その時に平田派の国学者たちの抱いた怨恨の情を、六十余年後にわたくしは教学刷新審議《ママ》会の席上でまざ〳〵と感じさせられたことがある。世間から碩学を以て目されてゐた一人の国学者は、「明治五年以来の日本の教育方針は悉く間違つて居ります」と公言した。しかしこのやうな平田派の国粋主義の復活が、最近二十年の間の日本をいかに毒したかは、人々の記憶になまなましく残つてゐるところであらう。(『日本倫理思想史』下巻、七二二頁)

「最近二十年の間」とあるが、一九三〇年代から終戦までの時期を指してそう言っているのだろう。教学刷新評議会は、先にふれた國體明徴運動の方針に基づいた教育改革のため、一九三五(昭和十)年十二月から開催されたものであった。和辻哲郎は西田幾多郎・田邊元とともにその委員に加わっているが、中心メンバーの特別委員会には入らず、発言した機会も四回の総会のうちわずか二回にすぎない。この評議会が翌年十月に文部大臣に提出した答申に基づいて、『國體の本義』の編纂委員会が発足することになる。

復刻された『教学刷新評議会資料』上下巻(芙蓉書房出版、二〇〇六年)によれば、和辻が言っている「世間から碩学をもって目されていた一人の国学者」とは、山田孝雄《よしお》のことである。山田は旧制中学を中退したあとは独学によって国語学・国文学の大家となり、東北帝国大学法文学部教授に採用された異色の学者であった。評議会の議事録では、第一回総会(一九三五年十二月五日)で、学制頒布の直前、明治五年に設立が決まった師範学校(のちの東京高等師範学校)が、アメリカ人を教師に雇い、教材もアメリカから輸入することを方針としたことを、激しく批判している。その結果、「外国ヲ中心ニシタ思想」が大学をはじめとして日本の教育界を支配している体制を、いまこそ改めなくてはいけない。——和辻はこの山田の発言を強く記憶にとどめていたのだろう。

和辻自身は、第三回の総会（三六年一月十五日）でやや長い発言を行なっている。その趣旨は山田とは反対に、むしろ「西洋文化ノ咀嚼消化」を拡充すべきだというものであった。明治時代から自然科学の導入にばかり熱心で、「精神科学」に関する「設備」が貧弱な状態に置かれている。まさしく「今ノ文明国トシテハ恥ヅベキ程ニ遅レテ居ル」。——これは山田を名ざして述べたわけではないが、まっこうから対立する位置にあったことがわかる。

こうした対立関係は戦時中まで続くことになる。和辻家所蔵の資料には、一九四二（昭和十七）年、四月九日に内閣情報局第四部長室で行なった講述の筆記記録と思われる文書が遺されている（『和辻哲郎全集』別巻二、岩波書店、一九九二年、所収）。そのなかでは『古事記』の冒頭に、天地のはじまりとともに登場する天之御中主神《あめのみなかぬしのかみ》を、唯一神のように信仰する、あるいはこの神と天照大神と天皇とが「三位一体」だとする説を、激しく攻撃する。和辻の理解では、「究極の神を定めないといふのが日本の神話の特徴」なのであり、どれかの神を究極の神として崇拝することは、ほかの神々に対する信仰や、神道以外の宗教を排斥することにつながってしまうから、「天御中主神信仰は絶対に押へなければならない」。

そしておそらくこの「天御中主神信仰」の論者の代表として、明治末期から「古神道」を唱えた公法学・法哲学者、筧克彦と、山田孝雄と二人の名前を挙げて批判するのである。山田に対する言及はこうであった。「山田孝雄氏の「中」は天御中主神の「中」である。天御中主神が今上天皇としてあらはれてゐられるので、それを『中今』と呼んだといふ氏の解釈は牽強附会の様である」。たしかに山田の著書『国史に現れた日本精神』（朝日新聞社、一九四一年）は、古代の天皇の宣命に、遠い昔から「中今《なかいま》に至るまで」という言い回しが散見されることに注目して、現在のこの時間が過去・未来と「有機的につながる」という観念が「日本精神」の伝統にはあり、その思想を具体化したものが「天壌無窮の皇運」にほかならないと説いていた。

また、「三位一体」の議論が誰の主張であるのかは確認できないが、天之御中主神を「究極の神」として特別視し、超越的な造物主に位置づけるのは、筧克彦が『皇国の根柢・万邦の精華　続古神道大義』上巻（清水書店、一九一四年）以来唱えてきた議論である。筧が名前を挙げて言及しているわけではないが、天地が生まれる前に天之御中主神が登場したと説くのは、平田篤胤が『古史伝』第一巻（文久三・一八六三年刊）の冒頭で展開した議論であった。篤胤によれば、天と地が生まれる前の「虚空中《おほそら》」にこの神は存在したのであり、そのありさまは「唯始めなく御坐《おはしま》しけむことと心得べし」。この「始めなく」存在していたという表現を、時間を超えた存在と解すれば、目に見える世界の外にいる主宰神のような意味あいにもなるだろう。

山田孝雄もまた『平田篤胤』（宝文館、一九四〇年）のなかで、宣長の門弟のうちでも篤胤が

「最も傑出してその学の正統を伝へたり」と賞賛し、国学思想の「一般民衆化」を進めたことを評価している。明治政府が発足した直後の時期には、平田篤胤・大国隆正の門流の神道家・国学者たちが多く政府に入り、神道国教化政策を進めていた。彼らが大教院（明治五・一八七二年設置）の神殿で祀るべきだと主張したのは、天之御中主神をはじめとする造化三神と、天照大神であった。一九四二年の和辻が「天御中主神信仰」の議論をはげしく警戒したのは、筧や山田のような議論が政府に影響を与えて再び神道の国教化が行なわれ、政府批判をとりしまる思想統制の道具に用いられることを危惧したのだと思われる。

日本の神話は「究極の神を定めない」ものだとする理解を、和辻はすでに論文「尊皇思想とその伝統」（一九四〇年）で発表していた。そして一九四三（昭和十八）年の論文「江戸時代中期の国学者に於ける尊皇思想」（『思想』同年七、八月号に連載）で、そうした「神代史」理解が、『古事記』に関する本居宣長の「厳密な文学的研究」——ここでの「文学」は文献学（Philologie）の意味である——に由来することを明らかにした。両論文は単行本『尊皇思想とその伝統——日本倫理思想史第一巻』（一九四三年十二月）に再録されている。

すでに第一章で紹介したように、前者の論文で和辻は、「神代史」に見られる古代人の思想においては、「究極の神」を一つに定める発想がなかったと指摘する。そしてそれは「あらゆる世界宗教に対する自由寛容な受容性」につながるものだと説いて、たとえば西洋文化の導入を排除して純粋な日本精神へ回帰しようといった同時代の主張を、暗に批判したのである。
ただ、山田孝雄自身の主張に即してみれば、西洋のものも含めて外来文化の受容をすべて遮断せよというものではなかった。先にふれた『国史に現れた日本精神』でも、神道の「祓《はらへ》」の儀式に着目し、それは「昨非をさとりて向上をはかる」という、「日本精神」の表われだと説いた。そして、古代から次々に外来文化を受容したことも「日本人の向上の精神」にほかならないとする。だがそれはあくまでも、祓によって人の「清浄」な本質へと戻ることができるという、「神道の根本思想」すなわち「わが日本精神の根本」をしっかりと堅持することが前提なのであった。

外国からの思想や宗教やがわが国に入りて、日本化するといふのはこの根本精神に触れて、それによつてやはり浄化せらるゝことをいふのである。支那の儒教が本国に亡びて、わが国において日本の特色ある儒教として栄えてゐるのもこれによつてである。印度の仏教が本国において亡び、わが国において日本の特色ある大乗教として栄えてゐるのもこれによつてである。基督教もやがてこの精神によつて浄化せらるゝであらう。その他種々の思想もわがこの浄化作用によつて、いづれも日本化せずしては止まないであらう。（山田孝雄『国史に現れた日本精神』一〇六頁）

実は外来文化の吸収にすぐれているという日本文化論は、平田篤胤が説いたことでもあった。講釈本『古道大意』（文政七・一八二四年刊）で、日本は「小国」だと卑下する「外国びいきの学者ども」すなわち儒者や蘭学者の議論に対して、大小の差と「美《よい》と悪いと」は関係がないと反論しながら、こう述べている。

但し何によらず。外国で仕出したる事物が。御国《みくに》へ渡つてくると其れをちらと見て。其の上を遙かに卓絶《たちこえ》て。其事の出来ることも。又御国人《みくにびと》の勝《すぐ》れたる所で。それは此の篤胤が致ても。彼よりは屹《きつ》とよく出来る。是が御国の風土の自然で。自然と申すは。神の御国なる故でござる。（『古道大意』上巻、井上頼圀ほか監修『平田篤胤全集』第一巻、一致堂書店、一九一一年、四四頁）

外国のまねが上手で、外国の文化をさらに改良する日本人の特性。現在でもよく口にされるような議論である。このように、徳川時代から始まって明治・大正の国民道徳論に至るまで、外来文化を吸収する力にすぐれているのが日本の美点だとする見解は、よく説かれる議論であった。山田孝雄の所説もその一例である。さらに山田はかつて『国民道徳原論』（東京宝文館、一九二四年）第八章において、やはり「わが国民道徳の統一同化の力」を示す例として、古代以来、中国・朝鮮半島から「帰化人」が多数やってきて「わが日本民族に混和統一せられたること」を挙げ、「わが至尊至貴たる皇室にありてもその母系は時として帰化人の血を混ぜらるるを見る」とまで語っていた。

だが、篤胤にせよ山田にせよ、あくまでも「神道」「日本精神」「神の御国」といった伝統文化と自己認識は堅く保ったまま、現実に対処するさいの実用品として海外の文化を取捨しながら受けいれるといった調子が強い。これに対して和辻は、「天つ神」もまた上位にいるらしい神の意図を占いによって知ろうとしていることをとりあげて、「自由寛容な受容性」は、まさしく日本文化に内在するメカニズムとして備わっているとした。もしも「日本精神」というものの存在を描きだそうとするならば、それは外来文化をさまざまに受容する容器のようなものであり、時代によって内容を異にする。

したがって和辻が描きだす宣長像は、一神教的な体系として神道を理解することの誤りを、徹底して主張し続けた学者である。仏教や朱子学の理論を借りて「神代史」の内容を理論化する「中世以来の種々の神道」と宣長の見解との違いについて、「江戸時代中期の国学者に於ける尊皇思想」ではこう語っていた。

宣長に於ては『神《かみ》』とはたゞ『可畏《かしこ》き物』を云ひ現はす言葉であつて、文字通りに八百万の神々があるのであり、さうして神々の内の何が究極者であるかといふ如きことは人智の測り知るべきことではないのである。がその不可測の根源からして最も貴いものとして炳乎として現はれてゐるのは、天照大御神と天つ御璽《みしるし》と天つ日嗣との相即である。この点に於て宣長の神の道は中世以来の種々の神道と根本的に異なつてゐる。これらの神道は仏教や儒教との結びつきによつて、或はそれらに対する対抗の意識によつて、主として究極者・絶対者としての神の概念の建立に腐心し、尊皇の思想動機からは遊離し去つてゐるのである。然るに宣長に至つて再び尊皇思想が神の道の中心となり、究極者絶対者の問題は背後に押しやられてしまつた。古事記の忠実な味解がこゝに達するのは当然なのである。
（『尊皇思想とその伝統』三〇八～三〇九頁）

和辻はここで言及する宣長の『古事記』解釈を「忠実な味解」としてそのまま是認している。『古事記伝』三之巻に見えるカミの語の宣長による意味説明は「何にまれ、尋常《よのつね》ならずすぐれたる徳《こと》のありて、可畏《かしこ》き物」というものであった。それは、人や動物、あるいは自然界の現象や目に見えない存在も含めて、巨大な威力をもち、人を恐れさせるものを、一般に呼ぶ名称である。したがって、人間が生きているこの世界の外にいる「究極者・絶対者」とは異なっている。「尊皇思想」と言っているものについても、この著作の内では地域の区別をこえた「国民的団結の自覚」が、天皇に対する尊崇として結晶したという理解をとっている。和辻にとっての宣長は、そして宣長が明らかにしたと和辻が考える「神代史」の思想は、徹底して現世に生きる人々の共同体に属し、その内側で完結するものであった。

3 「霊の行方」をめぐって

本居宣長はみずからの学問を『古事記』をはじめとする古典の解釈学にかぎり、その範囲の内側で見いだされる「道」を語ることに終始した。これに対して平田篤胤は先にもふれたように、宣長が語ることを避けた、あるいは古典の記述内容をこえて考察を深めるのを控えた事柄についてまで語ろうとする。そのもっとも重要なものは「霊《たま》の行方」、すなわち人間の死後の世界に関する問題である。

『霊《たま》の真《み》柱《はしら》』（文化十・一八一三年刊）は、この問題と宇宙の生成史について語った、篤胤の代表作である。生きている人間が生活しているこの世、すなわち「顕《うつし》世《よ》」のほかに、目に見えない世界としての「幽冥」もしくは「幽世《かくりよ》」が存在し、人が死ねばその「霊」が「幽世」へと移ってゆく。このとき、「幽世」を主宰するのは大国主神だと篤胤は考えた。そして『古史成文』第二十三段の記述によれば、死者の「霊」はそこで大国主神による審判を受け、生前によい行ないをした人物は永遠の幸福を受け、反対に悪事ばかりを働いていた人物は永遠の苦難を蒙ることになる。それが、「魂の行方」をめぐる問いに対する篤胤の答であった。

こうした篤胤の独特の議論について、高い評価を加えたのが村岡典嗣である。村岡は論文「平田篤胤の神学に於ける耶蘇教の影響」(一九二〇年初出、前田勉編『新編 日本思想史研究――村岡典嗣論文選』平凡社・東洋文庫、二〇〇四年、所収)で、篤胤のこの議論を紹介し、そこにはキリスト教からの影響が見られると指摘した。つまり、篤胤の未定稿本として遺された著作に『本教外編』上下巻があり、それは中国で漢文で出版されたキリスト教書を素材にして、「天つ神」や「皇祖神」に擬してはいるが、明らかにその教義について解説を試みたものであった。これを村岡は重視し、「幽世」に関する篤胤の議論の基礎には、不十分ながらもキリスト教に関する理解があったと指摘したのである。

村岡の見解に対して、山田孝雄の評価は当然に低い。人の原罪の観念を明確に打ち出していないのなら、キリスト教とは言えない。また篤胤の考えからすれば、本来は日本の神道がヨーロッパにまで伝わっていた跡が、キリスト教にも見られると考え、その研究を試みたと解するのが当然だろう。そのように著書『平田篤胤』では、村岡の説をきびしく批判している。

この側面に関しては、和辻哲郎も山田と同じ側に立っている。先にもふれたように、和辻の篤胤に関する評価は辛辣である。先の論文に続く「江戸時代末期の勤王論に於ける尊皇思想」（一九四三年初出、『尊皇思想とその伝統』所収）で、篤胤の思想について論じている。そこでは死後の魂のゆくえを語ること、「天上の主宰神」としての「天つ神」を指定すること、宇宙の生成を探ることをとりあげ、いずれも学者としての「合理的態度」をふみこえ、単なる独断に陥ったときびしい批判を加えている。それは和辻に言わせれば「宣長の公共正大の道、真昼の道に対し、幽冥の道と呼ばるべきものである」。宣長の思想は、人間が生きているこの世界に視点を限定し、その内で理解できる範囲のことを正確に語ろうとするものであった。そうした「真昼」の領域を覆す「幽冥」の世界へと、篤胤は逃走してしまったのである。

丸山眞男も、終戦直後、一九四八（昭和二十三）年度の「東洋政治思想史」講義（『丸山眞男講義録』第一冊、東京大学出版会、一九九八年、所収）の末尾で平田篤胤にふれている。そして「幽冥」に関する議論について「ここにはつとに学者によって指摘されているように、実にキリスト教の神学的構成が摂取されているのである」と、村岡の見解をそのまま紹介している。

丸山の評価では、むしろその特徴は、「世界の国はことごとく日本から分れ出たものであり、従って一切の世界の文化的所産はことごとく日本の神話の発展分化したものと理解する」態度を強化することにつながって、「超国家主義的皇国意識」を極端化させるに至った。丸山眞男の有名な論文「超国家主義の論理と心理」（『世界』一九四六年五月号）には、版図の無限の拡大をめざすウルトラ・ナショナリズムの思想の例として山田孝雄の文章「神国日本の使命と国民の覚悟」（『中央公論』一九四三年九月号）が引用されている。昭和戦中期の大日本帝国を支配した帝国拡大の論理の原型を、篤胤に見いだしていることは明らかだろう。

しかし他面で、篤胤にキリスト教の影響が見られるという、村岡による指摘については丸山も肯定していることが興味ぶかい。第四章で見たように、前近代の日本におけるキリスト教受容についての関心を、両者は共有していたのである。村岡の「耶蘇教の影響」論文の末尾には「大正九年二月一日稿　亡児震子記念」と記されている。そのあとに続く「補記」では、平田篤胤もまた「かゝる来世思想を成立させてきた文化年代」に、妻の死、次男の病と死といった苦しみに直面していたことを指摘し、「彼のかくの如き体験が、かゝる神学的思想の成立の背景として存したことは、注意せねばならぬ」と結んでいる。

家族の死という苦難のなかでの「神学的思想の成立」。同じような衝撃と悲しみのなかにあった村岡にもまた、その「霊の行方」をめぐる問いの真剣さが強く響いたのだろう。そしてそれは丸山においても、「超国家主義的皇国意識」に対する批判の裏側で、深い共鳴を呼び起こしていたように思われる。

八章　明治維新と福澤諭吉

1　明治維新の謎

明治維新は日本の歴史のなかで、もっとも大きな事件の一つである。その評価に異論をさしはさむ人はいないだろう。多くの大名領と天領に分かれた国から、中央集権的な官僚機構によって統一的に支配される近代国家へ。世襲の身分制によって、人々の地位の上昇が何重にも隔てられた社会から、（少なくとも建前上は）誰もが機会さえあれば立身出世を望める社会へ。東アジアの伝統文化から、西洋近代の思想や制度の受容へ。そうした変化の幅ひろさと急速さは、人類史を見渡しても珍しいもののはずである。

しかし同時に、多くの謎を含んだ事件でもあった。最高の政治権力者が江戸の公方から京都の天皇へと代わり、徳川氏を中心とする公儀の支配体制が崩壊した政治変動は、一般庶民からは「瓦解」もしくは「御一新」と呼ばれた。だが、新たに成立した政治権力が世にむけて宣言したのは「王政復古」である。慶應三年十二月九日（一八六八年一月三日）、明治天皇の名で、「朝廷」の人事・制度の刷新と「幕府」の廃止とが発令された。「大令」、いわゆる王政復古の大号令がその文書であった。

> 徳川内府〔慶喜〕、従前御委任の大政返上、将軍職辞退之両状、今般断然聞こし食《め》され候。そもそも癸丑〔ペリー来航〕以来、未曾有之国難、先帝頻年宸襟《しんきん》を悩まされ候御次第、衆庶之知る所に候。之に依り叡慮を決せられ、王政復古、国威挽回の御基《もとゐ》立てさせられ候間、自今摂関・幕府等廃絶、即今先づ仮に総裁・議定・参与之三職を置かれ、万機行わせらるべく、諸事神武創業之始に原《もとづ》き、縉紳・武弁、堂上・地下《ぢげ》之別無く、至当之公議を竭し、天下と休戚を同じく遊ばさるべき叡慮に付き、おのおの勉励、旧来驕惰之汚習を洗ひ、尽忠報国之誠を以て奉公致すべく候事。（内閣官報局編『法令全書』。原文の表記を改め、句読点などを補った）

「摂関・幕府等」を廃止し、「王政」に「復古」すること。しかし、その後に出現した体制は、摂政・関白が存在しなかった時代の律令国家に戻ったわけではない。官職の名称や組織については、かつての太政官制が復活したようなかたちをとったものの、やがて始まるのは近代西洋型の国家制度の導入である。徳川末期の尊王派の武士・公家が唱えたような攘夷論を新しい政府が継承することはなく、西洋諸国との開国和親の方針が前政権から引き継がれることになった。「復古」と宣言しながら、新たな国家制度の創出という大改革が始められたのである。

「復古」と改革――新政府が他面で用いた言い方では「維新」――と、一見したところまったく対極にあるものが、なぜ共存できるのか。実は「大令」に見える「神武創業之始に原き」という表現が、それを可能にするマジック・ワードであった。この言葉は、政権の転換を主導した公家、岩倉具視《ともみ》に対して、国学者、玉松操《みさお》が「大令」発布の三か月前に提言した内容に基づくと言われている。徳川の公儀による体制ができる直前に戻る、あるいは建武中興の時代へ復帰するというのではなく、国家のそもそもの出発点に立ち戻ること。そのことで「万機の維新に従ふ」（多田好問編『岩倉公実記』中巻、岩倉公旧蹟保存会、一九二七年）方針が確立できると玉松は唱えていた。

つまり、ここで神武天皇の時代へと「復古」するとは、国家の歴史を最初からやり直すほどの大改革を意味することになる。国家の初発の原点に立ち戻ることで、大きく政治体制を更新してゆくこと。やや大げさに言えば、「復古」のシンボルは、むしろ徹底した改革を正当化するものとして機能していたのであった。「幕府」の廃絶と新政府の樹立。廃藩置県による中央集権制の国家制度の創出。身分制の解体。戸籍による国民の一元的な把握。全国統一の貨幣制度と税制。結果として「神武創業」は、そうした一連の措置を説明する意義をもった。

こうした改革があいつぐようすについて、明治初年にアメリカから来日していた教育家・宗教家のウィリアム・エリオット・グリフィスは、アメリカへ帰ったのちに著した日本通史の書『ミカドの帝国』（*The Micado's Empire : A History of Japan from the Age of Gods to the Meiji Era (660BC-AD1872)*, 1876）において、「近年の日本のさまざまな革命」という章題で紹介している。グリフィスはここで、「ミカド」が最高権力に復帰（restoration）したのを外国人たちが目撃したと述べ、その事件も含んだ前後の時期には、日本において三重の政治革命（political revolution）が進行していたと総括した。すなわち、対外政策の「開国」への転換、社会改革の始まり、その改革を通じて西洋の文明の理想を受容したこと、の三つである。

この大転換は、英語ではまさしくrevolutionとしか表現できないものであった。「大令」に見える「王政復古」の言葉にこめられたものは、単に政治の中心を公方から天皇に移すという意味だけではなかった。それは、神武天皇がこの国を創出した時代へと立ち戻って、国家体制を新たな形で再構築する意図を含んでいたのである。そうした意味で、一見すると矛盾するような「復古」と「維新」――儒学の経典の一つ『詩経』に収められた詩「文王」に見える「維れ新たなり」という表現に由来する。この文句がもとは王朝交代を連想させるものであったことについては、ここではふれずにおく――との二つは、新政府の多くの実務家たちにとって重なりあうものであった。

さらにこの「政治革命」の内容から、さらに第二の謎がわきあがってくる。明治維新の政治過程を、とりわけその軍事行動の面で主導したのは、薩摩・長州などの諸藩の武士たちである。彼らは旧来の公儀による統治機構を一掃し、天皇のもとで公家たちとともに政権を握るに至った。そういう武士による一種のクーデタによって成立した新政府がやがて、廃藩置県、秩禄処分と続く改革を通じて、武士の身分そのものを廃止することになる。前政権を追放し、新政権の中枢を独占した勢力が、政治秩序の高位にのしあがったにもかかわらず、身分の上下関係そのものと特権を破壊してしまう。これは人類史上でもまれな例と言える。

歴史家の三谷博は著書『明治維新を考える』（岩波現代文庫、二〇一二年）のなかで、これを武士の「身分的自殺」と呼んでいる。これは和辻哲郎もかつて指摘した点であった。『日本倫理思想史』（一九五二年）の末尾、第六篇は「明治時代の倫理思想」を扱っているが、その第一章「明治維新」の冒頭で、「明治維新によって政治的に武士の支配が終わり、いわゆる王政復古となつた」と述べたあと、以下のように議論を続けるのである。

しかしそれよりも一層重大なのは、この機会に社会組織が一変したことである。武士の支配の廃棄とともに武士的社会も漸次解体され、士農工商の身分の別も消滅した。地方によつては士族といふ称呼がなほ何程かの意味を持ちつゞけたであらうが、明治の半ばに生れた著者などは、このやうな身分の別に対する意識を全然持つことなしに育つた。七百年来特権階級とされて来た武士、殊に二百五十年来貴い身分として士道［＝儒学風の統治者の倫理としての武士道］によつて根拠づけられて来た武士が、維新後僅か二三十年の間にその特別扱ひの痕跡を殆んど全く失ひ去つたといふことは、相当注目すべき現象であると思ふ。
（『日本倫理思想史』下巻、六九五頁）

では、この「身分的自殺」はなぜ可能になったのか。和辻の見解によれば、そもそも徳川時代には、武士・町人・百姓の「名目上の身分の別」があっても、「実質上さほどの区別がなかった」。ここで、安土・桃山時代の「民衆の力」の充実ぶりに注目するところがおもしろい。和辻の理解では「ヨーロッパで近世が始まった十五世紀十六世紀の頃には、日本においても民衆の力の解放が顕著であった」。北ドイツの商人たちによるハンザ同盟が最盛期を迎え、コロンブスがアメリカ大陸に到達し、イタリア・ルネサンスの動きが開花した西欧の十五・十六世紀。それと同じ時代に日本でも「民衆の力」が成長し、一方では農村出身の豊臣秀吉の例に見えるように「武士団体を新たに活気づける力」を提供し、他方では「一揆の形で民衆を組織する力」となった。

しかし、秀吉と徳川家康の政権によって、後者の動きが封殺され、「民衆の政治的無力化」が進められた結果、十七世紀にはきびしい「身分の別」が打ち立てられるに至る。徳川時代の政治体制の確立をめぐるこうした理解が、公儀の「鎖国」政策に対する否定的な評価と連動していることは、明らかであろう。だがそうした身分制社会の内でも、民衆の「文化創造の担ひ手」としての実力は成長を続け、文化の発展を支えていたと和辻は指摘する。十七世紀に「江戸時代文化の最高峰」である元禄文化において、文藝・演劇・音楽の新しい様式を生み出したのは、大坂や京都の町人たちである。また同じ時代に、中江藤樹・熊澤蕃山・山崎闇斎・伊藤仁斎といったすぐれた儒学者たちも、「京阪地方の町人階級」から輩出したと和辻はとらえる(ただし実際のところ蕃山は武士であり、藤樹・闇斎ももとは武士の家系に属している)。

さらに十八世紀に入って文化の創造力の中心が江戸に移ったあとも、それを主導したのは、江戸や大坂の町人だった。そして依然として京阪・近畿地方からは、本居宣長や石田梅岩といった、「民間」から新たな学問を創造する動きが活発だった。その結果、武士たちもそうした学者や藝術家を尊敬し、対等に親しむようになる。したがって都市においては「身分の別を無視した知識階級といふ如きもの」が現れることになった。身分の境界がそこでは曖昧になり、実質的に「身分の別」が意味をもたなくなったことが、やがて王政復古ののち、ただちに廃藩置県を導いて、「封建制の終末」をもたらしたのである。

こうした明治維新のとらえ方を、和辻は福澤諭吉の『文明論之概略』（一八七五・明治八年）から学んでいる。『日本倫理思想史』の「明治維新」章に続く「明治時代の倫理思想」では、福澤の『学問のすゝめ』と『文明論之概略』とをとりあげ、詳しく論じている。そこで重要視する話題の一つが「明治維新に対する彼［＝福澤］の解釈」であった。それは、本書の第五章でも紹介した『文明論之概略』の第五章、前章から続けて「一国人民の智徳」について語った章に見える議論である。

福澤によれば、一国が「野蛮」から「文明」へと進歩してゆくのを支える原動力は、その社会に広くゆきわたった、人々の智恵と徳、すなわち「智徳」の発達である。そして、強固な身分制によって秩序づけられていた徳川時代においても、その社会、とりわけ被支配身分である町人や百姓のあいだでは、「智徳」の向上の動きが進んでいた。

我国の人民積年専制の暴政に窘《くるし》められ、門閥を以て権力の源と為し、才智ある者と雖ども門閥に藉《よっ》て其才を用るに非ざれば事を為す可らず。一時は其勢に圧倒せられて全国に智力の働く所を見ず、事々物々皆停滞不流の有様に在るが如くなりしと雖ども、人智発生の力は留めんとして留む可らず、この停滞不流の間にも尚よく歩を進めて、徳川氏の末に至

ては世人漸く門閥を厭ふの心を生ぜり。（『福澤諭吉全集』第四巻、岩波書店、一九五九年、七〇頁）

もともと徳川時代の日本は、科挙を通じて、知識を身につけることと社会的な地位の上昇が結びついていた中国や朝鮮とは異なって、そうした回路が開かれていない。その「門閥」による「専制の暴政」のもとで、民間のあいだで「智力」が発達する。その結果、いくら能力が優れていても、恵まれた地位に就いて自由に活動することがままならないことへの不満が充満するようになった。徳川時代の後半には、そうした「門閥を厭ふの心」が、さまざまな漢学者、国学者、戯作者の著述に現われるようになったというのである。その不満が、ペリー来航をきっかけにする攘夷論の流行によって一気に暴発した結果、「幕府」を倒す「革命」に至ったと福澤は論じている。

福澤の解釈は、武士の「身分的自殺」という謎に関して、説得力のある説明を展開していると言えるだろう。和辻もこの見解に対して「維新の変革を自分の眼で見てゐた人が、変革後数年にして発表したものとして、相当重要視すべきだと思ふ」と高い評価を加えている。和辻の生家は、兵庫県の仁豊野《にぶの》の農村で、寛政年間から代々医者を営んできた家系である。民間に暮らす知識人のもつ見識の高さと、それゆえの身分制に対する不満について、実感をもって想像できる境遇にあったと言えるだろう。そのために福澤の見解について深く納得できたのかもしれない。

2 「維新史」研究のはじまり

明治維新という出来事が、どのように「歴史」として語られてきたのか。その範囲を広くとるならば、先にふれた福澤諭吉『文明論之概略』も、政治変動の深い背景を探った議論という意味では、すでに先駆的な「維新史」叙述の仕事と見ることができるだろう。田中彰『明治維新観の研究』(北海道大学図書刊行会、一九八七年)、宮澤誠一『明治維新の再創造――近代日本の〈起源神話〉』(青木書店、二〇〇五年)といった先行研究が示すように、幕末・維新の歴史を主題とする著作は、明治時代のはじめから編纂が始まってはいた。

東アジアの文化伝統では、正史を編纂するのが王朝の重要な仕事であった。日本の場合はそれに加えて、天皇を中心とする王朝による正史の編纂が、六国史の末尾に位置する『日本三大実録』(光孝天皇の治世、仁和三・八八七年までを内容とする)で途絶えていたという事情がある。久々の「王政復古」を標榜した明治政府にとっては、修史事業を進めることが重要な課題であった。そこで明治二(一八六九)年から太政官の修史局によって、明治維新の記録の編纂が始まり、やがて『復古記』全百五十巻と『復古外記』全百四十八巻とが一八八九（明治二十二）年に完成を見る。またこれと並行して、そのダイジェスト版としての『明治史要』（一八七六・明治九年～一八八五・明治十八年刊）と、宮内省による『大政紀要』（一八八三・明治十六年執筆）の編纂も進められていた。

これに対して、民間側からする維新史の叙述も登場するようになる。しかもそれは、明らかに藩閥勢力が主導する政府に対する批判をこめたものであった。そもそも、明治政府が発足した当初、慶應四年三月（一八六八年四月）に「国是」として発布した「御誓文」（五箇条の御誓文）の冒頭の文句は「広ク会議ヲ興シ万機公論ニ決スベシ」である。「公論」の語は起草者である由利公正《きみまさ》の発意に基づくと推測されるが、かつて徳川末期に、福井藩の藩政改革にともに従事していた熊本出身の朱子学者、横井小楠による構想がそこに反映していると言われる。

小楠は、学問上の「理」の追究にあたって、身分や立場に関係なく対等な「朋友」どうしの討論を重んじる朱子学の方法を、政治制度論に転用した。すなわち、統治においては武士たちのあいだで、身分の違いを取り払った「講習討論」もしくは「公論」の場を設け、そこで議論しながら方針を決めるべきだ。さらにそこには「天下」の人々の声も広く反映されなくてはいけない。そう考えた小楠は、西洋諸国の議会制度に関する知識を得て、日本においても「公論」「公議」の機関を政治制度の中核に置くことを、徳川の公儀に、のちには明治政府にも提言したのである。これは徳川末期の政治過程で幅ひろい支持を得て、新政府の「御誓文」に取り入れられるに至った。

もちろん、政府の中枢にいる薩摩・長州の政治家たちや公家たちは、「公論」の機関の必要性を真剣に重んじたというよりも、多くの大名を政権に参与させることで、その支持を確保しようという現実的な考慮を、「御誓文」の「公論」の言葉にこめていたのだろう。しかし、政治を「公論」に基づいて行なうといったん宣言したことが、明治政府を拘束してゆく。一八七四（明治七）年一月、江藤新平・板垣退助ら政府を退いた四人の参議と、四人の旧官吏が連名で発表した民撰議院設立建白書（『日新真事誌』二〇六号、同年一月十八日に掲載された際の題名は「建言」）には、「天下ノ公議ヲ張ルハ、民撰議院ヲ立ルニ在ル而已《のみ》」あるいは「斯議院ヲ立ル、天下ノ公論ヲ伸張シ」という表現が見える。明らかに「御誓文」を意識しながら、十全な「公論」の機関の新設を政府に迫っているのである。起草した旧官吏の参加者のうちには、由利公正も入っていた。

したがって、国会の即時開設を唱えた自由民権運動と、それに続いて議会での政党勢力の伸張をめざす思潮は、明治維新では未完に終わった「公論」による政治の実現を十全な形ではたそうとする、いわば「第二の維新」の主張という色彩を帯びてくる。

その典型が、明治二十年代に徳富蘇峰や竹越三叉（與三郎）ら、民友社に集った政論家たちが展開した議論であろう。彼らはしばしば明治維新を「維新革命」と呼び、藩閥による政権の独占が、その「革命」の理想を挫折させたと説く。そして、蘇峰の言葉によれば「田舎紳士」、すなわち一定の学識と指導力を備えた地方の名望家たちが政治に参加し、政党政治を支えてゆくことで、「第二の維新」（蘇峰『吉田松陰』一八九三・明治二十六年に見える言葉）を実現することを唱えたのであった。そうした志向に基づいて、竹越三叉による『新日本史』上巻・中巻（一八九一・明治二十四年〜一八九二・明治二十五年。下巻は未刊に終わる）を代表とする、民友社グループによる維新史・明治史の叙述が多く発表されたのである。

しかし、政府による自己正当化の意図に基づくものでもなく、また「第二の維新」にむけた改革を唱えるためでもない、学問としての維新史の研究が始まるのは、もっと後の時代になってからである。一九一一（明治四十四）年に文部省所管の維新史料編纂会が設立された。これについては、薩長に有利な史料を偏重して収集するのではないかという議会での疑問の声を意識して、少なくとも方針としては公平な態度で編纂に臨む方針が立てられた。しかし、旧佐幕派の藩であった地方では史料の提供を拒んだり渋ったりする例も多く、作業は難航したという。

やがて一九三一（昭和六）年までに『大日本維新史料』稿本初稿四千百八十冊ができあがるが、その十年後に編纂会は消滅し、文部省官房史料編集課がその事業を引き継いだ。文部省に移管した時期も含めて戦中期までに、刊本の『大日本維新史料』（十九冊で中断、一九三八・昭和十三〜一九四三・昭和十八年）や、『維新史』全五巻・附録一巻（一九三九・昭和十四年〜一九四一・昭和十六年）、『概観維新史』（一九四〇・昭和十五年）が、維新史料編纂会（もしくは編纂事務局）編として刊行されている。

さらに大正期には、一九一四（大正三）年十一月末、宮内省に臨時編修局（のち臨時帝室編修局に改称）が設けられ、明治天皇の事績を後世に伝える伝記の編纂が始まった。これはやがて編集方針が変わり、国史としての全体的な天皇紀へと拡大して『明治天皇紀』となり、一九三三（昭和八）年に完成を見た。民間においても、大正大震災による史料の消失を憂慮した吉野作造・宮武外骨・尾佐竹猛らが、明治初期以来の「社会万般の事相」を研究することを目的に、明治文化研究会を結成する。そして集めた重要文献を『明治文化全集』として一九二七（昭和二）年から順次刊行した。同じ年に、収集した新聞・雑誌を保存し拡充するための施設として、東京帝国大学法学部附属明治新聞雑誌文庫が設立される。これは法学部教授だった吉野作造の尽力と博報堂社長の瀬木博尚からの資金提供によるものであり、日本近代史研究のための施設としては、日本の大学で初めての例であった。

3 「昭和」と「明治」への視線

昭和に入って、明治維新に関する歴史研究は、さらに本格的なものに発展してゆく。史学会はその創立四十周年を記念して、一九二九（昭和四）年に論文集『明治維新史研究』を刊行した。そこには、「日本精神」の体認が「国史学」の使命だと説いて、盛んな執筆活動を始めていた平泉澄が「日本史上より観たる明治維新」を寄稿している。そして同時に、その前の年に普通選挙での応援演説をしたため、東京帝国大学史料編纂所の嘱託を辞職していた羽仁五郎も「明治維新解釈の変遷」を執筆していた。

羽仁の論文は、マルクス主義の立場に基づいて、明治維新を「ブルジョア革命」と規定したものであり、こののち、服部之総《しそう》『明治維新史』（一九二九・昭和四年）、野呂栄太郎『日本資本主義発達史』（一九三〇・昭和五年）、野呂や羽仁のグループによる『日本資本主義発達史講座』（一九三二・昭和七年〜一九三三・昭和八年）と、マルクス主義歴史学による日本近代史研究が続々と刊行されてゆく。平泉澄や、その他の知識人も含めた「日本精神」論の著作も盛んに登場するようになり、思想界は左右激突のようすを呈していた。明治維新をどうとらえるかは、それを日本人の尊皇心が発揮された偉業と賛美する右派と、「ブルジョア革命」もしくは「絶対主義」の確立ととらえる左派とが、鋭く対立する争点になっていたのである。

これに加えて、偶然のめぐりあわせも働いてくる。一九二八（昭和三）年は、戊辰戦争から六十年めの戊辰にあたる。そこでたとえば東京日日新聞は『戊辰物語』を連載し、幕末・維新の回想を多く紹介している。子母澤寛『新選組始末記』、平尾道雄『新撰組史』といった、その後の新撰組人気の原点となった著作が刊行されたのも同じ年である。そして、十一月三日の明治天皇の誕生日が、「明治節」として華やかに祝われた。祝祭日に加わったのはその前年であるが、大正天皇の喪が明けて、最初の祝典が行なわれたのはこの年である。

そしてその一週間後、十一月十日には、昭和天皇の即位礼が京都で賑々しく挙行される。この「御大典」は、初めてのラジオ中継が行なわれ、全国民の規模で祝われた。いまでもその記念碑や記念樹を、あちこちの神社で見ることができる。祝祭日に自宅に国旗を掲げる習慣ができたのもこのときである。つまりこの期間、日本と皇室の連綿たる持続に深く関連するものとして、明治維新の偉業が大規模に祝われた。いわば近代国家の建国神話としての、「維新」の物語の顕彰である。高知市桂浜にはこの年に、坂本龍馬の巨大な銅像が建立されて、一九六〇年代以降の司馬遼太郎『竜馬がゆく』による人気の下地を作ってゆく。島崎藤村が『中央公論』で、みずからの父親を主人公のモデルにして、明治維新の前後の時代を描いた小説『夜明け前』の連載を始めたのも、この翌年であった。

この維新ブームのなかで、和辻哲郎もまた、明治維新の日本思想史における意義を積極的に語り始める。和辻は西洋留学から帰国したのち、京都帝国大学文学部で一九三一（昭和六）年度に特殊講義の「国民道徳論」を講義した。序章でもふれたように、当時、大学の倫理学担当の教授の義務は、主に西洋の理論の紹介を中心に倫理学原論・西洋倫理思想史を講義すること、国民道徳論の授業を行なうことであった。後者は、受講生がやがて旧制中学などの教員となり、修身や倫理の授業を担当することを念頭において設けられており、京大・東大で和辻の先任教官であった藤井健治郎（京大）、中島力造、吉田静致、深作安文（東大）といった哲学者たちは、みな倫理学原論と国民道徳論の両方の分野で著書を遺している。

もともと和辻が京都帝大の教官として採用されたのは、『日本古代文化』（一九二〇・大正九年）などの業績に注目して、文化史を講義させるという計画によるものであった。それが文学部教授会のなかでの反撥を買い、倫理学の担当に変わったのだが、おそらくは国民道徳論という題目で、実質上は文化史・思想史を講じることもできるという見込みに基づいた人事だったのだろう。しかし結果として和辻が「国民道徳論」と題する講義を行なったのは京都でのこの一回のみにとどまった。東京帝大では担当科目名が「国民道徳論」ではなく「日本倫理思想史」になっている。

和辻の「国民道徳論」講義は、現在は国立国会図書館デジタルコレクションで、その講義草稿の画像を見ることができる（一部は『和辻哲郎全集』別巻一、岩波書店、一九九二年に活字化されて収録）。和辻自身はその草稿を分割して、「国民道徳論」（岩波講座『教育科学』第七冊、一九三二年）、「現代日本と町人根性」（『思想』一九三二年四月号～六月号）、「普遍的道徳と国民的道徳」（『思想』一九三七年四月号）の三つの論文として活字化している。このうち「国民道徳論」はのちにその一部を抜き出して、著書『風土』（一九三五年）の第三章第二節「日本」のうちに「台風的性格」と題して再録した。

このうち論文「国民道徳論」は、和辻の日本倫理思想史の構想の原型を公表した作品としても興味ぶかい。そこでは、日本の風土に根ざして生まれた「わが国民の特殊性」に応じて、「道徳の自覚の特殊性」としての三つの特性が、「「記紀」の伝説」以来、現在に至るまで連続していると説く。そのうちでも根本をなすのが「国民の全体性への帰依」すなわち国民としてのアイデンティティであり、これが「尊皇心」として表われてきた。そしてこれを基盤として、「人間の距てなき結合の尊重」が生まれ、「人間の慈愛の尊重」と「社会的正義の尊重」とが派生する。さらに第三に、結合を尊重すると同時におたがいの間での「戦闘的」な「対抗」の精神も生まれ、それが「「貴さ」の尊重」へとつながった。

思想史の流れのなかで、「社会的正義の尊重」は大化の改新における「土地公有主義」として表われる。「人間の慈愛の尊重」は鎌倉仏教における「慈悲の道徳」の母体となった。「「貴さ」の尊重」は、戦国時代以降の「武士道」につながってゆく。こうした見取り図をさらに発展させたのが、あとの時代に続く和辻の日本倫理思想史研究ということになるだろう。

そして当時の和辻の見解によれば、古代以来の「活ける全体性としての国民の統一」が持続し、その意識が「尊皇思想」として表面に表われ、大きな政治変動を引き起こしたのが、明治維新の原因であった。

明治維新の動力たる尊皇思想は国民の全体性への帰依を意味する。将軍の権力を排除して天皇の権威が支配するところでは、古来常にいわれているように、民衆が天皇の赤子でなくてはならぬ。すなわち階級なき国家、社会的正義が目標とせられる国家でなくてはならぬ。(『和辻哲郎全集』第二十三巻、岩波書店、一九九一年、一〇三頁)

ここでは戦後の『日本倫理思想史』とは異なって、あくまでも「尊皇思想」とそこから派生するはずの「社会的正義の尊重」が、明治維新の原動力とされている。和辻の考えでは、それは「日本精神」論者が説くような、ひたすら天皇に忠誠を尽くそうとする感情に尽きるものではない。人々がおたがいに「国民」としての紐帯を確認し、おたがいの生存に配慮しあう共同体感情と結びついていた。そうした意味で「慈愛」を及ぼしあう共同体としての国民国家を築こうとめざす人々の意識が、明治維新の本来の「動力」だったというのである。

しかし、「現代日本と町人根性」において和辻が論じるところによれば、その理想は十分に実現されず、特に二十世紀に入ると大きく崩れてゆく。和辻の理解によれば日清・日露の両戦争においては、日本人の「国民的存在の自覚」が活発に働いて国家を勝利へと導いた。またその意義は、自国の生存を確保することのみにとどまらなかった。特に日露戦争に見えるように、欧米の帝国主義を批判してそれを押し戻すという「世界史的意義」のある出来事にほかならない。その意味で国際的な意義ももつ戦果だったのである。

だが、二つの戦争は他面で明治時代以来の「資本主義文明の迅速な模倣」を継承するものであった。和辻によれば、「文明開化の努力」はひたすら日本の「資本主義化」を志向していた。そこでは「精神文化」が軽視され、「為政者、教育者、実業家」たちによって、技術を中心とする「資本主義的なる利用厚生の学」ばかりが奨励されていた。その結果として、利己的な「ブルジョワ精神」すなわち「町人根性」が日本社会を支配するようになった。それが日本の資本主義の発展を進め、第一次世界大戦期には、明白な「植民地戦争」である青島攻略やシベリア出兵にも着手し、いまや植民地の解放どころか「帝国主義競争」に積極的に乗り出すに至った。それが和辻の時代診断である。

この点でも、先に本章第一節で言及した戦後の『日本倫理思想史』における徳川時代の町人に対する評価とは、強調点が異なっていることがわかるだろう。この論文でも町人文化の活発さにふれてはいるが、より強調するのは「営利を絶対目的とする」その利己的傾向——ただしめざすのは個人よりも「家」の幸福ではあるが——の問題性にほかならない。「町人根性が蔑視せらるべきものとせられた所以は、町人根性が道義を手段とし自家の利と福とを目的とするという点にある。〔中略〕我《わが》物は我物、人の物は人の物とするのが社会的正義であって、社会の全体性への奉仕は顧みられない」（『続日本精神史研究』岩波書店、一九三五年、三三五～三三六頁）。この「町人根性」が、欧米の「ブルジョワ精神」の導入という形に発展したのが、一九三〇年代初頭の和辻によれば、「文明開化」の実相であった。

　したがって、「文明開化」の主導者としての福澤諭吉に対する評価は、「現代日本と町人根性」ではきわめて低い。福澤の『学問のすゝめ』に関する評言はこうである。「この書〔『学問のすゝめ』〕も亦文明開化の精神を鼓吹するについて極めて有力であった。しかしその内容は功利主義的・個人主義的思想の通俗的紹介に過ぎなかったのである」（前掲書、三四八頁）。和辻の理解では、階級闘争を旨とするマルクス主義の理論も、プロレタリアートの階級的利害の主張にすぎない点で、むしろ「町人根性」の系譜に属するものであった。そうなると、マルクス主義による歴史理解は、特定の階級の経済的利害を至高のものとする理論と、明治維新を「ブルジョワ革命」などと見なす歴史理解との両面で、批判すべきものなのであった。

4 戦中から戦後へ——福澤諭吉の復活

一九三二年の和辻哲郎による福澤諭吉批判は、その思想にゲゼルシャフトすなわち「利益社会」の論理を見て、それを克復してゲマインシャフトすなわち「人格的共同社会」を確立することを唱えるものであった。二つのドイツ語の概念は、フェルディナンド・テンニース（テンニース）『ゲマインシャフトとゲゼルシャフト』（一八八七年）に由来する。対外戦争に国費を投入することを控え、財の再分配を通じて国民国家としての日本を「社会的正義の実現せらるゝ国」に再編成すること。それを当時の和辻は理想としていたのである。

この一九三〇年代は、また別の側面から福澤諭吉を批判する声が大きくなり、理解が歪められた時代でもあった。小川原正道『福沢諭吉　「官」との闘い』（文藝春秋、二〇一一年）が指摘するように、「國體明徵運動」のなかで、皇室や憲法に関する福澤の議論は危険視され、政府から圧迫を受けるようになっていた。国政の中心を議会におき、天皇の政治への影響力を極小にしようとする「帝室論」（一八八二・明治十五年）などの福澤の議論は、明治時代には自由に刊行できたが、昭和期には一種の危険思想として刊行を禁じられるようになったのである。

これに対して慶應義塾長、小泉信三は論文「日清戦争と福澤諭吉」（一九三七年）で、日清戦争にさいして「国権の皇張」を主張した福澤の論説をとりあげ、「わが国民精神」の発揮として賞賛した。そのナショナリストとしての側面を強調することで、福澤諭吉と慶應義塾に対する政府の攻撃を防ごうとするものであったが、その反面、戦後になるとそうした思想家像がむしろ左翼の反帝国主義の立場からする福澤批判の材料に使われることになる。

この状況下で福澤諭吉の思想にふれ、むしろ新たな側面を再評価したのが丸山眞男であった。丸山は小泉の論文の翌年、一九三八（昭和十三）年の末に岩波文庫版の『文明論之概略』——政府による統制にあわせて過去の天皇に対する批判を削除した版である——を読み、その痛烈な「國體」論者批判に強い感銘を受け、まるで同時代の政治に対する批判のように思えて「痛快ゝゝ」と読み進めたことを、のちに回想している。戦後の論壇デビュー作「超国家主義の論理と心理」（一九四六年）には、『文明論之概略』で福澤が説いた、日本社会における「権力の偏重」について長く紹介した箇所があるが、そこに注目したのも初読のさいのことだったと思われる。当時の丸山は東京帝国大学法学部の助手として、最初の論文を構想中だった。福澤の思想にふれた経験は、その思想史家としての出発に大きな刻印をもたらしたのである。

丸山が助手論文を発表し、助教授に昇任したのちに発表した第二作の論文「近世日本思想史における「自然」と「作為」——制度観の対立としての」（一九四一～四二年）に、福澤から受けた衝撃のあとがうかがえる。この論文は、人間の秩序の基本原則をなす「道」は、古代中国の「聖人」たちが創作したものだという荻生徂徠の主張に注目して、それは儒学の秩序観に決定的な転換をもたらしたと指摘する。そのように、秩序はこの現実の世に生きる人間が作り出したものだという思想は、テニエスの説く「ゲゼルシャフトの論理」につながる萌芽を含んでいた。その論理の成長は徳川後期の思想史ではいったん阻まれるものの、明治期になると、福澤諭吉や植木枝盛《えもり》が西洋思想に学びながら、「近代市民社会」の原理を深く理解し説き明かす営みとして、復活をとげた。そうした思想の地下水脈の継承者として、福澤を高く位置づけたのであった。

さらに丸山は論文「福澤に於ける秩序と人間」(一九四三年)において、「人格の内面的独立性」に根ざしたナショナリズムの主張を福澤の著作から読みとる営みを行なった。戦中の「忠君愛国」のかけ声による強権的な国民動員に対する批判が、そこには裏打ちされている。やがて戦後には、「日本の近代的国民主義を定式化した最初にして、またある意味では最後の思想家」(一九四九年度「東洋政治思想史」講義)として、デモクラシーの理念と結びついた「近代的」なナショナリズムの理論家として、福澤諭吉を高く評価するに至る。

戦後の和辻が『日本倫理思想史』で、やはり福澤を「功利主義者」と指摘しながらも、その明治維新解釈を、むしろ評価する態度に転じているのは、一面では「町人根性」の問題性をかつて過度に強調したことへの反省があったのだろう。和辻にしても丸山にしても、一九三〇年代から戦時中にかけて、ナショナリズムの意義を説くことは、日本帝国がみずからの拡大を自己目的とするかのように戦争を続け、国内においては政府・軍部に対する異論を封殺しながら人々を動員する現実に対する批判の意味をもっていた。戦争の終了は、そうした抵抗のメッセージを読み取ろうとする姿勢から離れ、福澤のテクストからさまざまな意味をくみ出す余裕をもたらすことになったと思われる。

では丸山の場合、戦後社会のなかで福澤の思想から新たに見いだしたものは何か。その一つを、『「文明論之概略」を読む』（一九八六年）の第十一講に読み取ることができるだろう。『文明論之概略』の第六章「智徳の弁」で福澤が論じている「智恵」について、その概念の意味をさらに掘り下げる作業を行なっている。そこで福澤は「智恵」を「私智」と「公智」に分け、前者は単に「物の理を究めて之れに応ずるの働き」であるが、後者は「人事の軽重大小を分別し、軽小を後にして重大を先にし、其の時節と場所とを察するの働き」であるとした。前者が個別の場面でのみ発揮される賢さだとすれば、後者は長い歴史や時間を見わたし、視野を広くとりながら、物事の意味を確定して、行動を選んでゆく総合的な判断力なのである。

この「公智」に注目しながら、『「文明論之概略」を読む』で丸山は人間の智恵の働きを改めて四つに分類する。そのうち土台をなすのが、庶民の智恵、生活の智恵という形で慣習のうちに根付いている「叡智（wisdom）」。その上に来るのが、理性的な知としての「知性（intelligence）」であり、これが福澤の「公智」にほぼあたるという。そして「知性」によって生み出された個々の学問のような情報の体系が「知識（knowledge）」。最後にそこから派生するものが、細分化し、真偽がはっきり判別できる「情報（information）」である。

丸山によれば、現代の「情報社会」では本来は土台となるべき「叡智」がやせ細り、反対に「情報」ばかりが増大して、「叡智と知性とが知識にとって代られ、知識がますます情報にとって代られようとして」いる。丸山は「公智」に関する福澤の議論について考察を進め、現代における知性の危機に対する診断をそこから引き出した。これもまた、好意的にとらえるならば、過去の思想史を再解釈することを通じた、伝統の新たな再創造なのであろう。

読書案内

この本でとりあげている日本思想史の古典が、どのような叢書・校注書で読めるかについては、各章で引用のさいに記しているので、そちらの文献表記を参照されたい。以下では、この本を読んで各章の話題に興味をもった読者が、さらに深く日本の思想について知るために有用な本を紹介する。研究書を中心に、なるべく簡単に手に入る書目に限ったが、いまは入手可能でも、やがて品切・絶版になる場合もありうる。古書店や図書館の活用もお薦めしたい。

序章　日本の思想をどう読むか

簡便で信頼できる通史として、以下のものを挙げておきたい。すべて放送大学の教材か、あるいは教材をもとにした書籍である。手元に置いて参照するだけでも、日本の思想に関する脳内地図が、自分なりの形で広がり始めるだろう。

清水正之『日本思想全史』（ちくま新書、二〇一四年）
大隅和雄『日本の文化と思想』（放送大学教育振興会、一九九八年）
渡辺浩『日本政治思想史［十七～十九世紀］』（東京大学出版会、二〇一〇年。デイヴィッド・ノーブルによるすぐれた英語訳が二〇一二年に国際文化会館のI-House Pressから刊行されているので、比べてみるのもおもしろい）
松澤弘陽『改訂版　日本政治思想』（放送大学教育振興会、一九九三年）

思想史研究の最新の動向については、『日本思想史講座』全五巻（ぺりかん社、二〇一二年～二〇一五年）、『岩波講座　日本の思想』全八巻（岩波書店、二〇一三年～二〇一四年）から知ることができる。どちらかと言えば、前者はオーソドックスな主題をまとめ、後者は思想の周辺領域へ踏みだすような論考を集めている。

和辻哲郎『日本倫理思想史』全四冊（岩波文庫、二〇一一年～二〇一二年）

和辻哲郎の生前に刊行された著書は、戦後のものも含めて、みな正字体と歴史的仮名づかい（いわゆる旧字・旧かな）で印刷されている。ところが没後に出た『和辻哲郎全集』は、これを常用漢字体と現行の仮名づかいに直すだけでなく、多くの漢字を平仮名に換え、読点を追加するなどの暴挙を行なった（そうすれば読みやすくなるとも思えないのだが）。したがって、本書でも和辻のテクストについては、原則として全集ではなく、単行本から引用する方針を採っている。

この『日本倫理思想史』文庫版は、全集を底本にした点は残念だが、引用史料を校訂し直し、木村純二による懇切な注と解説がついているので、やはり最初に参照するべき版本にしあがっている。

『丸山眞男講義録』全七冊（東京大学出版会、一九九八年～二〇〇〇年）

丸山眞男の「読み」の技にふれることができるだけでも、すぐれた本なのだが、執筆・編集の素材となった原稿・メモや講義プリント（東京大学出版会教材部が聴講ノートを元に作成した、学生向けの教材商品）が東京女子大学の丸山眞男文庫で保存・公開されている点も、基本書としては稀有な例である。そうした資料については、同大学ウェブサイトの「丸山眞男文庫草稿類デジタルアーカイブ」で閲覧できるものも多い。

一章 「日本神話」をめぐって

山口佳紀・神野志隆光 校注・訳『新編 日本古典文学全集1 古事記』（小学館、一九九七年）

『古事記』については多くの校注書・訳書があるが、そのなかでもっとも最新の研究動向を反映させているのがこの本。簡便な紹介に頼らず、自分でテクストの言葉を一つ一つ読んでいった方が、実り多い読書経験になるはず。

神野志隆光『本居宣長『古事記伝』を読む』全四冊（講談社選書メチエ、二〇一〇年〜二〇一四年）

本当は『古事記』のテクストとともに、本居宣長『古事記伝』（『本居宣長全集』第九巻〜第十二巻、筑摩書房、一九六八年〜一九七四年、所収）をじかに読むのが一番いいのだが、初学者にはやはり近づきにくいだろう。神野志隆光による説明が、その特徴と問題点を明快に示してくれる。

二章　『神皇正統記』の思想

佐藤進一『日本の歴史9　南北朝の動乱』（中公文庫・新版、二〇〇五年）

もとは一九六五年に刊行された通史だが、建武政権と北畠親房の位置づけについて、いまでも示唆に富む記述に満ちた名著。文庫版の新版には、その後の研究動向にもふれた森茂暁による解説が増補されている。

山本ひろ子『中世神話』（岩波新書、一九九八年）

『神皇正統記』の背景となる中世神道独自の「神話」解釈について、その特徴を明快に説き明かしている。新書版でのより本格的な概説としては、この本のあとに伊藤聡『神道とは何か――神と仏の日本史』（中公新書、二〇一二年）に読み進むのがいいだろう。

平泉澄『武士道の復活』（錦正社、新装版、二〇一一年）

平泉澄に関しては、本書では本格的にはとりあげられなかったが、その思想史研究の特質がよく伝わってくる論文集。一九三三年に刊行された本の復刻版であり、論じる対象は『神皇正統記』から、武士道、近世儒学、エドマンド・バークと多岐にわたる。

三章　武士の倫理をどうとらえるか

石井紫郎『日本国制史研究Ⅱ　日本人の国家生活』（東京大学出版会、一九八六年）

ここに収められた論文のうち、「合戦と追捕――前近代法と自力救済」や「近世の武家と武士」は、武士の歴史上の実像とその倫理を知るための基本文献。近世の武士社会の構造に関しては、磯田道史『近世大名家臣団の社会構造』（文藝春秋・文春学藝ライブラリー、二〇一三年）で全容を知ることができる。

相良亨『武士道』（講談社学術文庫、二〇一〇年）

和辻哲郎・古川哲史の門下で学んだ思想史家による、卓越した概説書。主に戦国時代・徳川時代の武士を対象として、その意識の内奥を明らかにするとともに、近代人の倫理につながる側面にも注意を払っている。文庫版は一九六八年の初刊本に厳密な校正を施したもの。

氏家幹人『武士道とエロス』（講談社現代新書、一九九五年）

和辻や相良や丸山による研究には決して出てこない、武士における同性愛の習俗に注目した本。さらにマニアックなものとしては、同じ講談社現代新書に千葉徳爾『切腹の話――日本人はなぜハラを切るか』（一九七二年）という怪著がある。

四章　戦国時代の「天」とキリシタン

今井修編『津田左右吉歴史論集』（岩波文庫、二〇〇六年）

津田左右吉についても、本書では深くは扱っていない。重要な論文・随筆をよく吟味して収めたこの論集で、その思想史学の特徴を知ることができる。『支那思想と日本（戦後の版では「シナ思想と日本」）』（岩波新書、一九三八年）も儒学に対する見解を知るのに便利で、戦後まで版を重ねていたが、題名が災いしているのか、いまは品切。

山崎正和『海の桃山記』（朝日新聞社、一九七五年）

天正遣欧少年使節の跡をたどって、マカオ、ゴアから南欧へと旅をした旅行記。戦国時代の人々の「南蛮」への憧憬を追体験するような趣きがある。著者の主義に則って本文を歴史的仮名づかいにした『山崎正和著作集』第五巻（中央公論社、一九八一年）にも収められているが、写真をふんだんに載せた初刊本の方が魅力的な書物になっている。

渡辺浩『東アジアの王権と思想』（東京大学出版会、増補新装版、二〇一六年）

本文で言及した『近世日本社会と宋学』とともに、徳川時代の思想、とりわけ儒学思想を概観する上で、基本となる論考を集めた一冊。

土田健次郎『儒教入門』（東京大学出版会、二〇一一年）

儒学の概説としてもっとも信頼できる本。通史を詳しくたどりたいなら、小島毅『宗教の世界史5 儒教の歴史』（山川出版社、二〇一七年）も併読されたい。

島田虔次『新訂中国古典選4　大学・中庸』（朝日新聞社、一九六七年）

朝日文庫版（上・下巻、一九七八年）もあるが、初刊本の方が図書館などで入手しやすいだろう。朱子学の発想の基本を知るには、その経書の中心をなす『大学』『中庸』について、朱熹の注釈に基づきながら詳しい訳と解説を加えたこの本が便利。ほかに垣内景子『朱子学入門』（ミネルヴァ書房、二〇一五年）も、陽明学に関する理解も含めて役に立つ。

六章 「古学」へのまなざし

田尻祐一郎『こころはどう捉えられてきたか――江戸思想史散策』（平凡社新書、二〇一六年）

伊藤仁斎・荻生徂徠のほかにも多くの思想家をとりあげ、彼らが人間の「心」についていかなる議論を展開したのかを探る本で、徳川思想史の入門書として最適。同じ著者による通史の本として、『江戸の思想史――人物・方法・連環』（中公新書、二〇一一年）もお薦めできる。

佐藤雅美『知の巨人――荻生徂徠伝』（角川文庫、二〇一六年）

思想史研究の成果をふまえながら、荻生徂徠の一生をたどった歴史小説。これを読んだあと、尾藤正英抄訳『荻生徂徠「政談」』（講談社学術文庫、二〇一三年）を手にとって、実際に徂徠の作品（現代語訳）にふれてみるのもいいだろう。

ハーバート・フィンガレット（山本和人訳）**『孔子――聖としての世俗者』**（平凡社ライブラリー、

一九九四年）

本書では、現代人にとっての儒学思想の意味を直接に論じることはしなかったが、そうした関心の読者にふさわしい一冊。アメリカの哲学者が、現代哲学の手法を用いながら『論語』をおもしろく読み解いている。

七章　国学思想と「近代」

白石良夫訳注『本居宣長「うひ山ぶみ」』（講談社学術文庫、二〇〇九年）

日本思想史の古典の原文に、詳しい注と現代語訳をつけたものとして、文庫では希少な本。「うひ山ぶみ」という題名は、学問という山にこれから分け入ろうとする初学者に対して、その心構えと方法を説くことを示しているが、それは同時に国学という学問、そして宣長その人の思想に関する手引きになっている。

吉田麻子『平田篤胤――交響する死者・生者・神々』（平凡社新書、二〇一六年）

和辻と丸山がその狂信性を否定的に評価した平田篤胤について、丹念な史料読解に基づきながら、その思想家としての姿を生き生きと描いている。国学者のもつ特有の感覚を理解するためにも有益。

原武史『〈出雲〉という思想——近代日本の抹殺された神々』（講談社学術文庫、二〇〇一年）

国学のさまざまな流派のあいだには、「神話」の解釈をめぐって激しい論争が闘わされ、その対決がやがて明治政府のうちにも流れこんだ。その思想史と政治史にわたるドラマを、巧みなテクスト解釈を織りまぜながら検証した傑作研究書。

八章　明治維新と福澤諭吉

三谷博『明治維新を考える』（岩波現代文庫、二〇一二年）

明治維新そのものに関する考察だけでなく、「維新」という事件が近代史のなかでどのように理解されてきたか、その変遷を知ることができる。マリウス・B・ジャンセン、遠山茂樹、司馬遼太郎といった、その後の「維新」観に大きな影響を与えた歴史家・小説家に関する論考も含まれている。

鳥海靖『日本近代史講義——明治立憲制の形成とその理念』（東京大学出版会、一九八八年）

徳川末期における「公論」の思想が、やがて明治政府と自由民権運動の双方に継承されるという近代史の見取図は、いまや常識となっている。そうした歴史観を先駆的に提示した通史として、いまでも最初に読むに値する。

松沢弘陽校注『新日本古典文学大系　明治編10　福澤諭吉集』（岩波書店、二〇一一年）

福澤諭吉の『福翁自伝』は岩波文庫など簡便な刊本で読むこともできるが、ぜひこの校注本で読んでほしい。福澤の生涯と時代背景を精査した詳しい注が、思想史研究の手本を示している。松沢がやはり校注を担当した『文明論之概略』（岩波文庫、一九九五年）と、その論文集『近代日本の形成と西洋経験』（岩波書店、一九九三年）も重要な本。

丸山眞男（松沢弘陽編）『福沢諭吉の哲学　他六篇』（岩波文庫、二〇〇一年）

丸山眞男による福澤諭吉論を集めた一冊。丸山の論考はその後の福澤研究に大きな影響を与えた仕事であるが、同時に、思想史家としての丸山の「読み」の技を十分に味わえる作品となっている。和辻についても同じことが言えるが、政治思想家としての丸山の思考もまた、そうした「読み」の技を洗練させながら発展していったのである。

[著者]
苅部 直（かるべ・ただし）
東京大学法学部教授。1965年、東京生まれ。東京大学大学院法学政治学研究科博士課程修了。専門は日本政治思想史。著書に『光の領国 和辻哲郎』（岩波現代文庫）、『丸山眞男——リベラリストの肖像』（岩波新書、サントリー学芸賞）、『移りゆく「教養」』（NTT出版）、『鏡のなかの薄明』（幻戯書房、毎日書評賞）、『安部公房の都市』（講談社）、『「維新革命」への道——「文明」を求めた十九世紀日本』（新潮選書）など、共編著に『日本思想史ハンドブック』（新書館）などがある。

日本思想史への道案内

2017年9月25日　初版第1刷発行
2017年12月13日　初版第3刷発行

著　者　苅部 直

発行者　長谷部敏治

発行所　NTT出版株式会社
〒141-8654 東京都品川区上大崎3-1-1 JR東急目黒ビル
営業担当　TEL 03(5434)1010　FAX 03(5434)1008
編集担当　TEL 03(5434)1001
http://www.nttpub.co.jp/

装　幀　松田行正

印刷・製本　中央精版印刷株式会社

ISBN 978-4-7571-4350 0　C0010

好評の既刊書

移りゆく「教養」

苅部 直［著］

「政治的判断力」「日本の伝統文化」をキーワードに、
いま求められる教養とは何か、あらゆる人間活動に通じる
知恵や判断力とは何かを考える。
大学教員、受験生必見！　大学入試、頻出の一冊。

四六判上製　定価（本体 2200 円＋税）
ISBN978-4-7571-4096-7 C0010